歴史文化ライブラリー

201

旧幕臣の明治維新

沼津兵学校とその群像

樋口雄彦

吉川弘文館

目 次

誇り高き徳川の遺臣たち──プロローグ

石に刻まれたプライド

静岡県沼津《ぬまづ》市のＪＲ沼津駅のほど近く、城岡《しろおか》神社という小さな神社の境内《けいだい》に「沼津兵学校記念碑」という石碑が立つ。現在の碑は平成《へいせい》三年（一九九一）に建て直された二代目であるが、刻まれている碑文は、明治《めいじ》二七年（一八九四）に建てられた初代の碑をそのまま再現してある。ちなみに、表面の剝離《はくり》などによって現状維持が困難になった古いほうの石碑は、別の場所に移動され沼津市教育委員会が保存している。

原文は漢文であるが、その一部を書き下し、紹介してみよう。

（前略）明治紀元、東方甫《はじ》めて定まり、朝廷我が徳川公を駿河《するが》・遠江《とおとうみ》に封じ、静岡を治めしむ、これを以て沼津は遂に静岡の都城となる。（中略）水陸軍人及び子弟の俊秀なる者をこの地に聚《あつ》め、城を以《もつ》て学館に充《あ》て、以て兵を講ず。所設の課業には数目あり。曰《いわ》く漢学、曰く洋学、曰く数理、曰く図画、曰く体操練兵、曰く騎、曰く泅《しゅう》。（中略）故を以て列国の行人《こうじん》の静岡に使する者必ず請《こ》いて来観す。或《ある》いはその藩人《はんじん》を遣わして就《つ》きて学ばしむ。鹿児島、徳島の如《ごと》きは、特に吾《わ》が学官を聘《へい》し、以て士卒《しそつ》を訓練す。蓋《けだ》し維新の初めを以て、列国の学制いまだ備わらず、而《しこう》して沼津兵学これが率先をなすなり。四年、朝廷、藩を徹して県《けん》となし、学館を以て陸軍兵学寮に合す。是《ここ》において、在学の諸子、半《なか》ば朝《ちょう》に升《のぼ》り、半ば去りて業を改む。歳月を歴《へ》るに及び、或いは陸海軍将校となり、或いは院省の名官となり、商となり、農となり、衆議院議員となり、銀行公司の長となり、博士となり、学士となり、大小学校の教官となる。その朝に在ると否と、みな力を国家に竭《つ》くさざるはなし。（後略）

本書は、明治初年、三年半という短い期間に存在したある学校と、その凝縮《ぎょうしゅく》された時間・空間に集《つど》った群像を通じて、明治文化の一端を描写するものである。その学校というのが、右に碑文を紹介した沼津兵学校のことである。政権の座を追われた徳川家は、明治新政府から駿河・遠江・三河《みかわ》に七〇万石を与えられ一大名として存続を許された。そんな静岡藩徳川家が設立した陸軍将校養成学校が沼津兵学校だった。

碑文の引用には省略した部分もあるが、元教授の一人が格調高く草《そう》したその文章には、近代的な学制の先駆《せんく》であったこと、他藩からも注目される高い教育内容を有していたこと、多くの人材を朝野《ちょうや》に輩出《はいしゅつ》したことなどが記されている。文面からは、敗者としての恨みや苦悩などは微塵《みじん》も読み取れず、むしろ時代の先頭を切って走った者の自信と誇りにあふれている。

記念碑に記されたことを具体的な史料や史実によって跡付け、叙述するのが本書の目的である。沼津兵学校とその群像を歴史の中に位置づけることによって、明治維新に敗《やぶ》れた側の旧幕臣がその後の日本の近代社会において果たした役割の一端が見えてくるはずである。

沼津兵学校の回顧と顕彰

沼津兵学校に関する歴史的評価は、すでに先に紹介した明治二七年（一八九四）建立《こんりゅう》の記念碑の銘文《めいぶん》から始まっていたが、その後、当事者の回想録として、大正《たいしょう》二年（一九一三）『静岡民友新聞』に金城隠士《きんじょういんし》「沼津時代の回顧」が連載され、当時のようすをまとまった形で生き生きと伝えた。さらに、その翌年には、静岡県出身の名士列伝《れつでん》『東海三州の人物』が同じ地元新聞社から刊行され、

図1　沼津兵学校研究の先駆者石橋絢彦（明治25年撮影，沼津市明治史料館蔵）

三〇ページにわたって「沼津兵学校の人材」が紹介されている。

しかし、本格的な史料紹介や歴史叙述は、大正四年（一九一五）から九年（一九二〇）にかけ、旧幕臣の親睦《しんぼく》会誌『同方会誌』に連載された石橋絢彦《あやひこ》の「沼津兵学校沿革」「沼津兵学校職員伝」が最初である。石橋は兵学校の生徒出身者であり、当事者だったとはいえ、単なる思い出話ではなく、史料を翻刻《ほんこく》し、事実関係を系統的に記述した。自身の体験にもとづきながらも、自分が保管していた資料や同窓生に借覧《しゃくらん》したものなどを多数掲載し、史料的価値が高く客観的にも評価できる仕事を残した。本書もその恩恵《おんけい》を大いに受けている。

米山梅吉《よねやまうめきち》著『幕末西洋文化と沼津兵学校』（昭和九年刊）は、沼津兵学校に関する初の単行本である。静岡県駿東《すんとう》郡、つまり地元で育ち、兵学校の後身にあたる中学校で学んだ米山は、三井《みつい》銀行で活躍した実業家であり、わが国ロータリークラブの創始者でもあったが、国際人の感覚と郷土人としての誇りをもって、戦争へ向かう暗い時代にあって、明治初期の地域文化の独自性を訴えた。

大野虎雄《おおのとらお》著『沼津兵学校と其人材』（昭和一四年刊）・『沼津兵学校附属小学校』（昭和一八年刊）は、米山著に続く単行本である。大野は沼津の人であり、戦前から戦後まで同地の郷土史研究を主導した存在であるが、兵学校に関与した旧幕臣を祖父に持っていた。研究や資料収集だけでなく、顕彰《けんしょう》運動にも取り組み、昭和一四年（一九三九）には市を動かし沼津兵学校創立七十周年記念会を開催した。戦後、昭和三〇年代に刊行された『沼津市誌』の中でも兵学校関係の叙述を担当している。

沼津兵学校の研究は地域からだけでなく、すでに戦前から軍事史・教育史・数学史といった分野で中央でも取り上げられてきた。戦後になると、教育史・軍事史はもちろん、洋学史・科学史・英学史・書誌学《しょし》といった諸領域からさらなる研究が進められたほか、関係人物に関する研究なども行われ、個別論文が多数生まれた。体育史・音楽史・馬政史《ばせいし》等々の細かな分野で、少しだけ言及されたといったものも含めれば、実に多くの文献がある。『静岡県史』・『沼津市史』といった自治体史での新資料発掘にも大きな実りがあった。

そのような成果を十分に取り入れ、できるだけ詳しく、かつ平易な形で叙述するのが本書のねらいである。筆者の気持ちの上では、石橋・米山・大野といった先人たちの業績を受け継ぎ、現段階での決定版を目指したつもりである。しかし、果たして内容が伴ったかどうか。

沼津兵学校の呼称について

ところで、沼津兵学校は、当初は「陸軍学校」と称されたが、後に制定された規則書の表紙には「徳川家兵学校《とくがわけへい》」とあり、それが正式名称だったと考えられる。しかし、当時は所在地の名前を冠《かん》して「沼津兵学校」と称することが普通で、一時は兵の字を削除して「沼津学校」と呼んだこともあった。藩が発給《はっきゅう》した教授の辞令や出版した教科書には、「沼津学校」と記されたものが多い。同時代の人物が書き残した文書には、「沼津表《おもて》兵学校」「静岡藩兵学校」「駿州兵学校」「静岡藩沼津学問所」などと記したものもあり、当時の通例で、固有名詞として確固たる名称決定がされていたわけではなかったことがわかる。西周《にしあまね》の夫人升子《ますこ》の日記に「大学、小学とも、休暇となる」といった記述があることから、兵学校を「大学」、兵学校附属小学校を「小学」と称していたこともわかる。なお、当初の「徳川家兵学校」を後に「沼津兵学校」と改称したのだとする文献もあるが、そのような事実を示す史料は存在せず、その説は正しくないだろう。

一般的には、当時から現在に至るまで、「沼津兵学校」の呼称が浸透しており、筆者も歴史の百科事典『国史大辞典』（吉川弘文館）にその項目名で執筆させてもらっている。つまり、「徳川家兵学校」という呼び名は、規則書に載せられているので正式名称であると解釈できるが、たとえそうだとしても昔も今もほとんど使用されていないことになる。以下、本書の叙述中は、通例のごとく「沼津兵学校」の名称を使用したい。

「賊軍」のゆくえ

徳川陸軍の最期

幕府陸軍のリストラ

徳川幕府は文久期《ぶんきゅう》（一八六一～六四）以来、あるいはペリー来航《らいこう》以来というべきか、ひたすら軍制改革に取り組み、軍備の近代化と拡張を推し進めてきた。慶応《けいおう》四年（一八六八）正月鳥羽《とば》・伏見《ふしみ》での敗戦は、その流れにストップをかけた。戦争を続けるのであれば軍拡路線は続いたかもしれないが、朝敵《ちょうてき》となった前将軍徳川慶喜《よしのぶ》は恭順《きょうじゅん》姿勢を貫いた。その意を汲《く》んだ勝海舟《かつかいしゅう》は新政府と折衝《せっしょう》し、四月一一日には江戸城無血開城《むけつかいじょう》にこぎ着ける。新政府も寛大な処置を行い、存続を許された徳川家は、閏《うるう》四月二九日徳川家達《いえさと》（田安亀之助《たやすかめのすけ》）が相続することとなり、五月二四日には駿府《すんぷ》七〇万石への移封《いほう》が決定された。四〇〇万石を領した最大の大名徳川家は、薩摩《さつま》藩《はん》にも一歩及ばない規模の一大名として命脈《めいみやく》を保ったのである。そうなると無用となるのが幕末段階で膨《ふく》れ上がっていた兵員である。

慶応三年九月時点で幕府陸軍の総兵力は一万七〇〇〇人に達していたが（熊澤徹「幕府軍制改革の展開と挫折」『シリーズ日本近現代史1　維新変革と近代日本』岩波書店、一九九三年）、駿河《するが》移住が決まると早速その削減がはかられた。旧幕臣が残した履歴書（由緒書《ゆいしょがき》・明《めい》細短冊《さいたんざく》など）には、五月から六月以降にかけて「御人減《おひとべらし》」につきお役を罷免《ひめん》されたという記載が多く見られる。たとえば、小十人格《こじゅうにんかく》撤兵差図役勤方寺家村邦一郎《じけむらくにいちろう》の由緒書には、

六月十九日御人減に付き、御役　御免、勤仕並小普請《こぶしん》入り仰せ付けられ候旨《そうろう》、織田《おだ》和泉《いずみ》殿仰せ渡され候旨、陸軍頭申し渡す（原文を書き下した、以下同様）

とある。もともとの幕臣は兵士の職を解かれても、寄合《よりあい》・小普請という無役《むやく》者の所属組織に編入され、徳川家の家臣《かしん》に留まることができたが、百姓・町人から採用されていた兵卒の多くは完全に解雇《かいこ》されることとなった。江戸開城前夜、大鳥圭介《おおとりけいすけ》らに率いられ脱走し、「賊軍《ぞくぐん》」として戦いを続けた兵士も多かった。解雇と脱走によって陸軍兵士のかなりの数が減ったわけである。徳川家では七〇万石に見合った兵員数を三〇〇〇人と見積もり、移住予定者名簿「駿河表《おもて》召連《めしつれ》候家来姓名」に氏名を掲載、七月新政府あてに報告した。移

図2　幕府陸軍時代の箕輪信文（左）
後に沼津兵学校第4期資業生になった

住予定者の総数は約五四〇〇人であり、その半数以上を陸軍が占めるというのは、母体である幕府陸軍の規模の大きさが反映された結果であろう。

旧幕府陸軍の解体は兵員の削減だけではなく、組織の改編も伴った。撤兵《さっぺい》を小筒《こづつ》組、砲兵を大砲組、騎兵を馬乗、銃隊を広間《ひろま》組、奥詰《おくづめ》銃隊を書院《しょいん》組と改称するなどの改正が七月に実施されたのである。工兵は廃止され、歩兵は先述の通り解雇・脱走により消えた。歩兵科の士官は主に小筒組に転属となった。たとえば、ある歩兵士官の由緒書には以下のように小筒組への転属・改称に伴う履歴が記されている。

同四辰《たつ》年四月九日小十人格歩兵差図役並勤方仰せ付けられ、並之通り御足高御手当扶《ふ》持《ち》下し置かれ候旨、川勝備後《かわかつびんご》守殿仰せ渡され、同七月八日小筒組差図役並仰せ付けられ候旨、浅野次郎八殿仰せ渡さる（箕輪信文由緒書）。

歩兵・砲兵・騎兵・工兵といった近代的な呼称が、〇〇組という古い呼び名に変わったことは、実戦的な軍隊組織から警備組織への変身をはかったものと推察される。新生徳川家では、決して軍備を全廃したわけではないが、規模を大幅に縮小し、内容面での簡素化をはかったといえる。

陸軍解兵御仕方書

駿河への移封準備が進む中、慶応四年（一八六八）七月下旬もしくは八月、「陸軍解兵御仕方書」という規則が制定・公布された。これは、旧幕府陸軍兵士の駿河での土着・自活方針と兵学校（陸軍学校）の設立をうたったものである。その規則は、陸軍局所属の兵士は、学校方と生育方《せいいくかた》に二分し、学校方では学校の教授・生徒として教え学ぶこととする、生育方のほうは、五〇人単位で土着し、有事の際以外は農業・商業に従事させ、同時に教育をほどこし、優秀な者は兵学校に進学させ士官に教育する、という内容であった。

この規則制定の中心となったのが陸軍頭阿部《あべ》潜《せん》（邦之助《くにのすけ》）という人物である。陸軍頭は、幕府時代の陸軍奉行《ぶぎょう》を改称したもので、リストラが進む六月に誕生した。阿

図3　阿部　潜

陸軍頭として沼津兵学校設立を推進した

図4　乙骨太郎乙の陸軍御用取扱辞令（沼津市明治史料館蔵）

部は、上総《かずさ》国で三〇〇〇石を領した旗本《はたもと》で、蕃書調所《ばんしょしらべしょ》句《く》読《とう》教授出役《しゅつやく》・歩兵差図役頭取《さしずやくとうどり》勤方をつとめた経歴から洋学や軍事に通じていたことがわかる。その後、目付《めつけ》をつとめたが、鳥羽・伏見敗戦後の混乱収拾には公儀公論が必要なことを訴え、一月自ら公議所御用取扱に就任したほか、勝海舟による恭順方針に沿って三月からは総房三州鎮静《ちんせい》方となり、脱走軍の説得と房総地方の治安維持にあたっていた。阿部は幕府瓦解《がかい》後に急速に頭角《とうかく》を表した人物であり、フランスとの同盟関係を推進した小栗忠順《おぐりただまさ》・浅野氏祐《あさのうじすけ》ら幕府陸軍の指導的グループに属したわけではない。その阿部のイニシアチブによって駿河移住と学校設立計画が立案されたことは、後で述べるように、旧幕府陸軍と静岡藩（明治二年六月までは駿河府中藩と呼称、以下適宜使い分ける）陸軍局との断絶面を象徴している。

阿部は、六月以降多くの人物を陸軍御用取扱という肩書で配下に集めた。陸軍関係者ばかりでなく、市川兼恭《かねのり》・赤松則良《のりよし》・西周《にしあまね》・塚本明毅《つかもとあきかた》・杉田玄端《げんたん》・林紀《はやしつな》ら陸軍に無関係だった者も多数任命されており、移住に先立ち人材の囲い込みを目論《もくろ》んだことがわかる。陸軍御用取扱には、益田孝《ますだたかし》（後の三井物産社長）・田島応親《まさちか》・細谷安太郎ら帰商したり箱館《はこだて》に脱走したりして駿河移住に加わらなかった者もあるが、その中からは後に陸軍学校（沼津兵学校）の教授が採用されることになる。

余談となるが、子母沢寛《しもざわかん》の小説『勝海舟』に、勝を訪ねた阿部潜が、西周・杉亨二・伴鉄太郎・赤松則良らの兵学校教授就任受諾に口添えを頼む場面がある。勝海舟が沼津兵学校設立計画の良き理解者、心強い支援者として描かれているわけだが、実際には勝の肩入れがどれほどのものであったのかはわからない。

陸軍学校

徳川慶喜が駿府に入ったのが七月二三日。藩主家達の到着は八月一五日だった。七月下旬には、駿河に移住する徳川家臣団のうち、陸軍局所属者の主な移住先が沼津・田中（現藤枝市《ふじえだ》）と指定された。とりわけ沼津には、城下はもちろん、富士川以東の駿東郡《すんとう》・富士郡の村々にも続々と移住者が集った。八月三一日には転出する沼津藩（水野家）から城が徳川家に引き渡されており、それが陸軍学校の校舎に当てられることとなっていた。陸軍局の移住は一度に行われたわけではないが、九月中にアメリカ

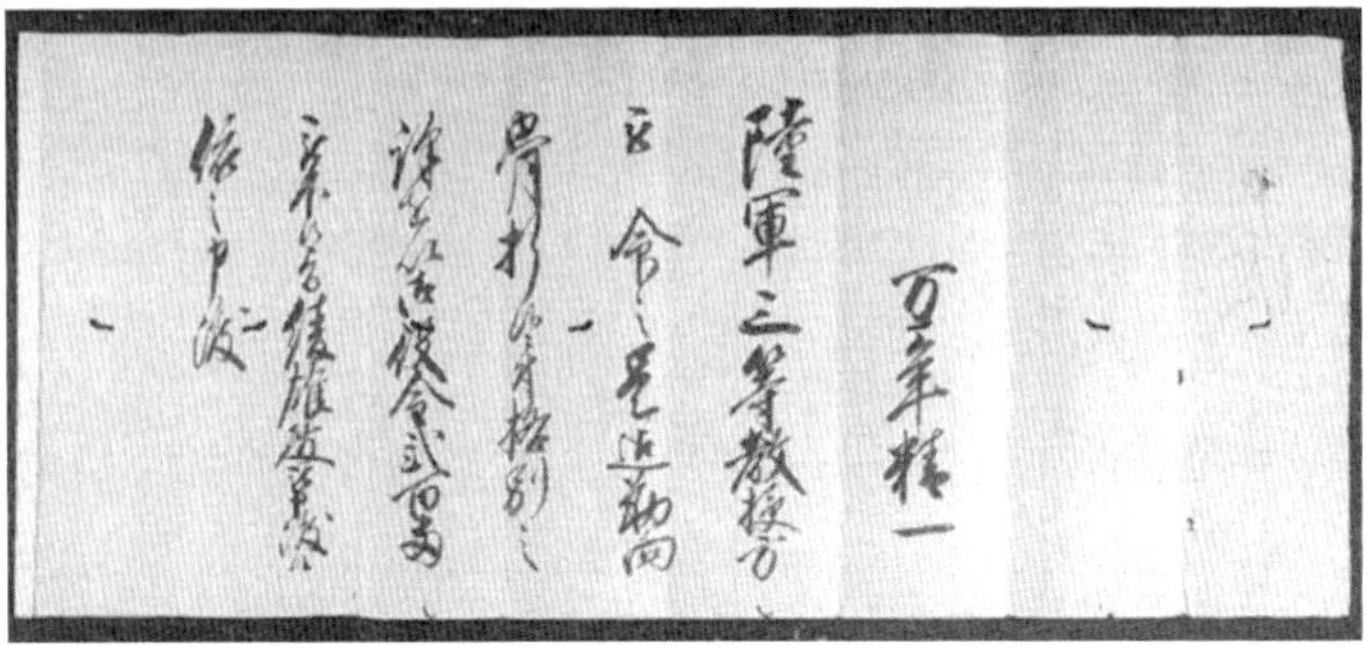

図5　万年千秋の陸軍三等教授方辞令

の客船を使い品川沖から清水港まで海路運んだという三個大隊分の人数が大きかったようだ。

「陸軍解兵御仕方書」で決められた陸軍学校の設立は、一〇月以降教授陣の任命が開始され具体化していく。西周が陸軍学校頭取（校長）に任命されたのは一〇月二二日である。彼が東京を発ったのは一九日。沼津に到着する二日前に辞令が下りていたらしい。教授には、一等教授方・二等教授方・三等教授方のランクがあったほか、図学方・化学方・書記方・書籍方なども置かれた。なお、残された辞令などから、この時点での学校の名称は「陸軍学校」とされていたことがわかる。

教授の選任と同時に、生徒の選抜も開始された。陸軍兵士のうち、三〇歳未満の士官が生徒に任命された。その数は三〇〇から五〇〇名といわれる。明治二年正月二五日付書簡の中で西は、兵学校・小学校「両校之生徒五百人余」と述べている（『西周全集』第三巻、宗高書房、一九六六年）。生徒の名称は、当時の史料上は「陸軍生徒」とか「学校生徒」と記されている。九月下旬沼津近郊の漁村駿東郡獅子浜《ししはま》村（現沼津市）の民家に止宿《ししゅく》することになった元撤兵石橋絢彦《あやひこ》（後の工学博士）は、一〇月には同じ生育方の組合の者たちとともに洋算《ようさん》の自習を始めている。土着地での自活と教育という、「陸軍解兵御仕方書」の理念が早くも実現されようとしていた。学校への入学とそこでの勉学が将来を左右するということは各自に知れ渡っており、生徒に任命されなかった者の間でも第二のチャンスを狙って学習熱が一気に高まったらしい。事実、この最初の段階での生徒任命は、あくまで暫定《ざんてい》措置であり、翌年実施されることになる試験が正式な生徒採用の機会となる。

徳川家兵学校掟書

西周は、「陸軍解兵御仕方書」の立案には加わっていなかったと思われる。西は学校設立計画の途中から招かれた立場であり、彼が頭取に就任したことによって陸軍学校の制度は精密化されるとともに、変質していくこととなった。一〇月には、陸軍頭が廃止され、代わって陸軍御用重立《おもだち》取扱が設けられ、阿部潜・江原素六《えばらそろく》・藤沢次謙《つぐよし》・井上八郎が就任した。また、その上位には新設された陸軍総括

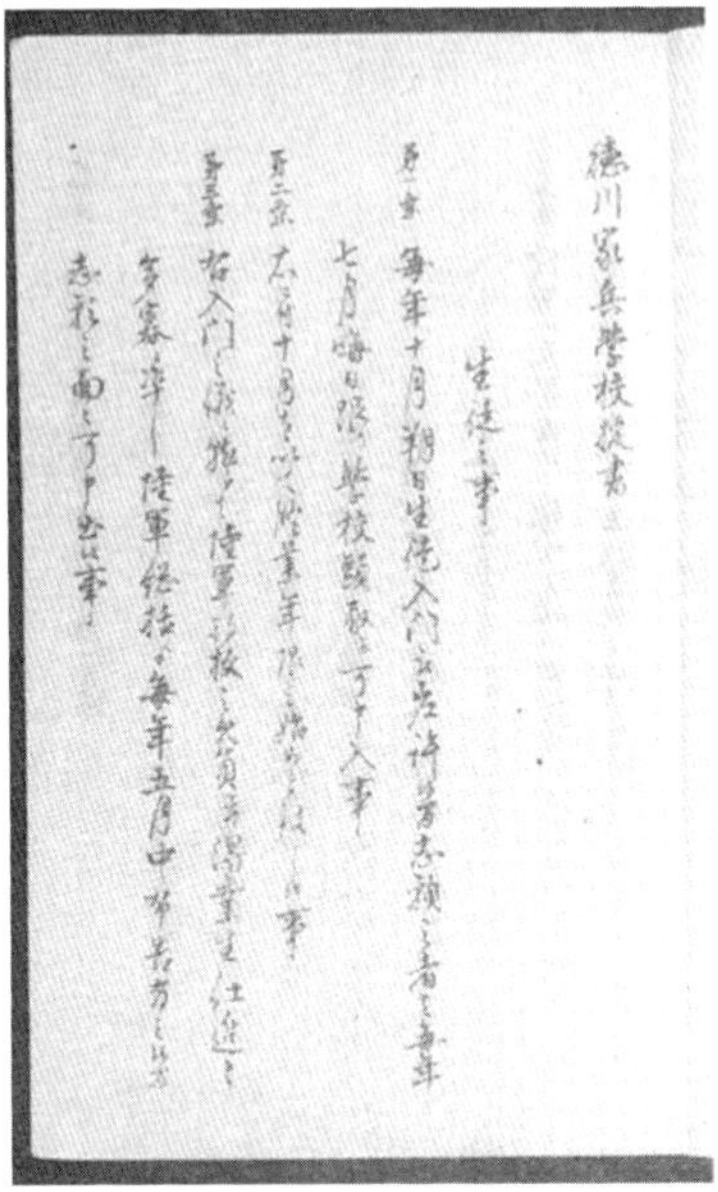

図6　「徳川家兵学校掟書」（沼津市明治史料館蔵）

が置かれ、中《ちゅう》老《ろう》服部常純（綾雄）が任に就《つ》いた。阿部一人に権限が集中していた陸軍局は、西の頭取就任と時を同じくして集団指導体制へ移行したといえる。

　西によって練り直された規則が、明治元年一二月木版の冊子の形で印刷・配布された「徳川家兵学校掟書《おきてがき》」全八四条と「徳川家兵学校附属小学校掟書」全三一条である。それらには、生徒の入学資格・入試方法・進級制度、教授の種類と権限・任用方法・職務、学科編成、休業や罰則規定などが事細《ことこま》かに盛り込まれていた。学校の名称は陸軍学校ではなく、「徳川家兵学校」とされた。また、「陸軍解兵御仕方書」の段階では、土着した村落での組合単位の教育とその中から選抜された者が陸軍学校へ進学するという二段階の教育制度が考えられていたが、西の掟書ではそれを兵学校と附属小学校という大小二校を設置するという形式に直した点も大きな違いである。

以後、この掟書によって学校は運営されていくことになる。ただし、「徳川家兵学校」という呼び名はほとんど使われることはなく、沼津にある兵学校ということで、「沼津兵学校」と通称されるようになった。

こうして、旧幕府陸軍の解体後、その遺産は、沼津兵学校すなわち士官教育という限定された範囲で、新生徳川家に継承されることとなったのであるが、旧陸軍上層部とは無関係だった阿部や西の構想に大きく拠《よ》っていたため、その内実は慶応三年（一八六七）、フランス軍事顧問《こもん》団によって江戸で設立が進められた三兵士官学校の直接的系譜を引くものではなく、新規性・独自性が強かった。

軍資金伝説

ところで、沼津兵学校設立には旧幕府の機密費が使われたとする伝聞がある。慶応四年四月一一日の江戸開城を前に、城内の御金蔵《ごきんぞう》にあった一一万両を密《ひそ》かに運び出し、西丸下の撤兵屯所《とんしょ》に移した上、数百の味噌樽に詰め替えて、官軍の目をくらまし駿河へ運んだというのである。実行犯は阿部潜とその腹心《ふくしん》の部下たちだったとのこと。この逸話を書き残した石橋絢彦（兵学校資業生）は、阿部から後日直接このことを聞いたというが、阿部のコンビである江原素六は後年までその事実を知らなかったらしい。石橋の説明によれば、阿部は一一万両を確保したことで陸軍学校設立を思い立ち、まず大築尚志《おおつきたかゆき》に教授の人選を依頼することになったとする。そして、沼津兵学校設立の発端は慶応四年四月頃にあったとするのである。

実は似たようなエピソードが全く違った形で残されている。佐倉藩士の子に生まれ、横浜で商業に従事していた西村勝三の伝記に記された以下の話である。

佐倉藩士大築安太郎（後の陸軍中将大築尚志）が、函（ママ）副総裁松平太郎の伝言として「雉子《きじ》橋外の調馬場の穴倉に隠してある幕軍の金銭を取り出してもらいたい」と頼んできたので、いってみると、なるほど大金があった。自身で取り出すとタクアンの空き樽につめて横浜へ送り、銀行のドル手形に換えて松平へもたせてやった。またその後も松平に頼まれて、イギリス式元込めの小銃百挺《ちょう》を幕艦開陽丸《かいようまる》へ届けている（井野辺茂雄・佐藤栄孝編『西村勝三の生涯』一九六二年）。

金の使い道が、片や沼津兵学校、片や箱館脱走と全く違う。隠匿《いんとく》者についても、片や恭順派の阿部、片や抗戦派の松平ということで正反対となる。しかし、味噌樽か沢庵樽かの違いはあるものの、登場人物の大築は共通している。全く別の金のことかもしれないが、何とも似通った話である。果たしてこのようなことが本当にあったのだろうか。もはや確認する術《すべ》はない。

戦敗者の群れ

回避された箱館出兵

沼津《ぬまづ》兵学校の開校準備が着々と進む明治元年（一八六八）一一月六日、新政府から駿河《するが》府中藩に対し驚くべき命令が下された。前月箱館《はこだて》五稜郭《ごりょうかく》に入城し蝦夷《えぞ》地を占領した榎本武揚《えのもとたけあき》軍を討伐《とうばつ》せよというのである。背景には、あくまで榎本軍は脱走した徳川家臣にすぎず、政府と対等な交戦団体ではないので、局外中立を撤廃してほしいという、列強に対する新政府の思惑《おもわく》があった。主家の説得によって戦わずして降伏させられればそれでもよかった。とはいえ、徳川の旧臣を徳川家自身に攻撃させようという命令である。「驚愕」し、「日夜痛心」した駿河府中藩側は、家達《いえさと》の後見《こうけん》人《にん》・元津山藩主松平確堂《かくどう》をして、藩主は幼弱《ようじゃく》であり自ら戦地に赴くことはできないので出兵は勘弁してほしいと願い出た。その代わり、前将軍徳川慶喜《よしのぶ》の謹慎《きんしん》処分を解いてもらえれば、慶喜に軍を率いさせ箱館に向かわせたいという代案を提示した。この嘆願は勝海《かつかい》舟《しゅう》が大久保利通《としみち》の支援を得て画策したものであり、三条実美《さんじょうさねとみ》や岩倉具視《いわくらともみ》らとも面会し、慶喜赦免《しゃめん》を働きかけた。政府部内では徳川家側からの逆提案を検討したが、結局慶喜の謹慎解除・箱館出張は許可されなかった。同月二四日には新たに、フランス留学から帰国したばかりの慶喜の弟徳川昭武《あきたけ》（水戸藩主養子）に対し、兵を率いて箱館に出張せよとの命が下った。翌年水戸藩は出兵するが昭武自身が陣頭指揮《じんとうしき》することはなかった。

この一件では、沼津兵学校にも影響が及んでいる。一一月一〇日、藩内では以下のような命令が伝達された（『明治初期静岡県史料』第五巻、一九七一年）。

箱館エ兵隊差し出し候様仰せ出され候ニ付、其方儀、総括として差し遣わされ候間、その意を得、諸事差図致さるべく候

河田貫之助
阿部邦之助
藤沢長太郎
江原　三介

別紙ノ通、朝廷より仰せ出され候間、其意を得られ、弐大隊ノ兵迅速用意致シ、調次第出張致さすべく候、尤河田貫之助総括として差し遣わされ候、諸事差図ヲ請候様、申し渡さるべく候

天野民七郎
男谷勝三郎

箱館表エ兵隊差し出し候様仰せ出され候ニ付、其方共儀、差し遣わされ候間、諸事河田貫之助と申し合わせ、不都合これ無き様、致さるべく候

陸軍御用重立《おもだち》取扱の阿部・藤沢・江原らに対し二大隊の用意が下命され、大目付《おおめつけ》河田《かわだ》熙《ひろむ》・目付天野民七郎・目付助男谷《おだに》忠友に対しては出征《しゅっせい》軍の指揮が命じられたのである。一大隊五〇〇名として一〇〇〇名の動員である。部隊編成にあたっては兵士の徴集《ちょうしゅう》が陸軍局の中心地である沼津で行われた可能性が高い。そうなると兵学校の設立計画は頓挫《とんざ》したかもしれない。幸いにも出兵は中止され、北の地で身内同士が殺し合う場面も現実のものとはならなかった。

故今井正《ただし》監督の処女作に「沼津兵学校」（昭和一四年・東宝）という映画がある。そのものズバリ沼津兵学校を舞台に維新《いしん》期の青春を描いた時代劇であるが、その中に、箱館の榎本軍に加わっていた父親が戦死したことを新聞で知った沼津兵学校生徒が、激昂《げきこう》し自身も箱館に駈け付けようとするが仲間に止められるという場面が出てくる。似たようなことは実際にあったかもしれない。沼津兵学校には、肉親が箱館に脱走していた者が少なくなかったからである。そんな一例を紹介してみよう。

引き裂かれた肉親

沼津兵学校三等教授方石橋好一《こういち》（鎗次郎《そうじろう》）は、御細工所同心《どうしん》竹原五左衛門の子に生まれ、二丸火之番石橋喜之助の養子となった。慶応《けいおう》三年（一八六七）八月開成所《かいせいじょ》英学教授手伝出役《しゅつやく》となり、沼津でも英語を担当した。彼が若くして英学を身に付けた背景として家庭環境があった。長兄竹原平次郎は開成所化学教授出役、次兄吉沢勇四郎は蕃書調所英学教授手伝並出役、弟吉田安太郎は開成所稽古《けいこ》人・海軍所英学教授方であり、竹原家の四兄弟は競い合って洋学を学んだのである。好一の妻の従兄渡部温《おん》（一郎）も沼津兵学校一等教授方並になった開成所出身の英学者であった。実は、竹原家四兄弟のうち三人までが脱走軍に加わったのである。机上《きじょう》の勉強だけでは満足しない好奇心旺盛な兄弟だったらしい。

戊辰《ぼしん》時には大砲《たいほう》製造所調役《しらべやく》をつとめていた九歳年長の長兄竹原平次郎は、二人の弟吉沢勇四郎・吉田安太郎とともに脱走した。しかし、彼は箱館までたどり着く前に奥州《おうしゅう》から舞い戻ったらしく、明治二年正月時点では沼津に潜伏《せんぷく》していた。戦場で体験した、敵軍の捕虜《ほりょ》をなぶり殺しにしたといった「奇談」を沼津移住者に面白おかしく話して聞かせたらしい（今泉源吉『蘭学の家桂川《かつらがわ》の人々　最終篇』篠崎書林、一九六九年）。化学の専門家だった彼は、同年秋には沼津兵学校に併設された沼津病院の製煉方《せいれんかた》に採用された。ただし、官軍からの追及を逃れるためか弟の姓を借り石橋八郎（後に俊勝と改名）と名乗っている。沼津時代には、兵学校化学方から沼津病院三等医師に転じた桂川《かつらがわ》甫策《ほさく》とともに『化学入門』外編・後編の翻訳・刊行を行うなど、研究も続けた。

図7　石橋俊勝

脱走し奥羽で官軍と抗戦した後，駿河へ移住し沼津病院に勤務した（北海道大学附属図書館蔵）

好一より七歳年上の吉沢勇四郎は、陸軍に転じた後は『斯《し》氏《し》築城典刑』（慶応元年）・『火功奏式』（同二年）といった兵書を翻訳、幕府瓦解《がかい》後の慶応四年二月砲兵差図役頭取から工兵頭並となった。将来を期待された軍事技術の専門家だったが、単なる学者ではなかった。実戦で自らの知識を確かめようとしたのか、江戸開城に際し部下の工兵差図役頭取勤方石川直中（勝之助・吉沢の義弟）・小宮山昌寿《まさが》（金蔵）らとともに工兵隊を率いて脱走、大鳥圭介《おおとりけいすけ》軍に参加し奥羽を転戦したすえ、兄竹原とは別れ箱館五稜郭に至った。そして明治二年（一八六九）五月一一日戦死したのである。

石橋好一以外にも、移住か脱走かで引き裂かれた肉親は例をあげればきりがない。沼津兵学校一等教授方塚本明毅《あきかた》の二人の弟明誠・明教、二等教授方乙骨太郎乙《おっこつたろうおつ》の弟兼三はいずれも榎本軍に加わっていた。二等教授方浅井道博は榎本軍の海軍奉行荒井郁之助《いくのすけ》の義弟だったし、体操方羽山蝝《いなご》は榎本軍の騎兵頭・器械方頭宮重文信（一之助）の実弟だった。また、父子としては、沼津兵学校資業生松岡馨《かおる》が箱館政権の江差《えさし》奉行松岡譲（四郎次郎）の息子だったという事例もある。そして、何といっても、榎本武揚自身が、沼津病院重立取扱林洞海《はやしどうかい》の娘婿《むすめむこ》であり、沼津兵学校一等教授方赤松則良とは義兄弟（妻同士が姉妹）の間柄であった。箱館脱走者も沼津兵学校関係者も元は同じ洋学系・陸海軍系の人脈にあったわけであり、当然の結果だった。ある沼津移住者が明治二年正月の手紙の中で、「脱走人々の勢ハ余程快く御座候風聞ニ有之《これあり》候、何も悦《よろこばしき》敷事《こと》御座候」と記したように、箱館榎本軍の健闘ぶりを称える雰囲気が駿河にも満ち溢《あふ》れていたのである。

しかし明治二年（一八六九）五月五稜郭は陥落した。降伏した脱走軍幹部は東京で禁錮《きんこ》刑に処せられ、その他多くの兵士は函館や預けられた諸藩で謹慎《きんしん》生活を送ることとなる。そして明治三年二月から四月にかけ、榎本・大鳥らA級戦犯ともいうべき首脳部を除き、大多数の降伏人の赦免が行われ、うち八〇〇人以上が静岡藩に帰参《きさん》した。

降伏人の帰参

静岡藩では、旧幕時代の禄高《ろくだか》に応じて一〇人扶持《ぶち》から三人扶持まで七段階の扶持米を藩士に支給していたが、帰農・帰商や脱走からの復籍者は最低の三人扶持とされた。帰参した降伏人の多くは一代限りの藩籍という条件で無役の三等勤番組に編入され、藩内各地に割り付けられた。徳川家のため箱館で勇ましく戦った戦士たちが、駿河《するが》・遠江《とおとうみ》の田舎で無為な生活を送ることとなったわけであり、その労が報われることはなかった。ただし、有能かつ好運な者は藩の役職に抜擢《ばってき》される機会があった。

箱館では伝習《でんしゅう》歩兵隊頭取として戦った山口知重《ともしげ》（朴郎）という青年がいた。彼は幕末に武田成章から英語、貝塚道次郎から化学を学んだ経歴を持っていた。降伏後は弘前《ひろさき》の寺院で謹慎生活を送ったが、その際も謹慎仲間の山内堤雲《やまのうちていうん》（六三郎）から英語・数学を学ん

図8　山口知重
箱館五稜郭で降伏，赦免後沼津兵学校で体操を教えた

でいる。山口は静岡藩帰参後、明治三年（一八七〇）七月に沼津兵学校附属小学校体操教授方を命じられ、四年正月には兵学校三等教授方並に進んだ。戦前・戦後の勉学の成果が認められたのであろう。山口とともに沼津兵学校体操教授方に任命された者に本多忠直（幸七郎）がいる。彼も箱館では歩兵頭として伝習士官隊を率いて暴れた前歴を持っていた。ラッパ手として奥羽《おうう》・箱館を歴戦した梅沢有久《ありひさ》（伝吉）は、三年七月沼津兵学校喇叭《らっぱ》教授方を拝命している。沼津兵学校の姉妹校である静岡学問所のほうに採用された者もいる。海軍士官として神速艦に乗り組んでいた岩橋教章《のりあき》（新吾）は、静岡到着早々、五月に学問所の絵図方に任命されている。測量・製図の技術を買われたのである。

体操・ラッパ・製図など、いずれも一芸に秀でた者たちであり、彼らの新規採用によって沼津や静岡の藩校は強化された面もあったのである。

その一方、藩への出仕を断ったヘソ曲がりの降伏人もいる。後年自由民権運動の闘士として鳴らす沼間守一《ぬまもりかず》（慎次郎）は、戊辰時には歩兵頭並であり、脱走し会津で激しく戦ったが、庄内《しょうない》で降伏、東京の静岡藩邸で謹慎生活を送った。沼津兵学校教授方手伝山田昌邦が沼間を訪ね、兵学校への就職を誘ったが、「そんな事が出来るものか」と言って断ったという（桂園「山田昌邦氏懐旧談」『同方会誌』一九）。新政府に尾を振りおとなしく恭順した藩当局に対し怨むところがあったのだろうか。ちなみに沼間の実兄でやはり後に民権家となる須藤時一郎は、弟とともに奥羽に脱走したが、帰参して沼津兵学校の上部組織である軍事掛に職を奉じている。

まぼろしの清水海軍学校

旧幕府艦隊が榎本たちの脱走により北の海で壊滅《かいめつ》したのは事実であるが、もしも脱走がなかったならば徳川家では海軍をどうするつもりだったのか。江戸開城時の条件では軍艦は新政府に引き渡すべきこととされたが、いったん没収された後相当数は返還されることになっていた。従って徳川家側でも海軍を全廃《ぜんぱい》するつもりはなく、移住予定者名簿「駿河表召連候家来姓名《するがおもてめしつれ》」にも約五三〇人の海軍所属者が記載されていた。榎本自身も八月四日付で「勤続御領地え被差遣《さしつかわされ》候支配向之義ニ付相願候書付」という書類を当局に提出、移住先の駿河でも部下が海軍に勤務できるよう嘆願している。ただし、同書付に添えられた名簿には榎本以下、海軍の最高幹部七名の名前はなく、すでに脱走を決意していたことがわかる。つまり、一部の有志《ゆうし》を除いては同行させず、多くの者には駿河で新生活を送らせるつもりだったのである。ところが実際に八月一九日江戸湾を脱走した艦隊には移住予定者名簿に登載されていた者が多数乗り組んでいたのである。

着々と再編と移住準備を進めていた陸軍では、陸軍頭阿部潜《せん》が海軍に対しても働きかけを行った形跡がある。阿部の部下立田彰信（政吉郎）が記した「日記摘録」という記録によれば、慶応四年六月八日と七月一〇日、阿部は開陽《かいよう》丸や海軍所に赴き、榎本に対し「談判《だんぱん》」に及んでいるのである。立田と同じく阿部に同行した陸軍御用取扱江原素六《えばらそろく》の回想によれば、脱走の非を説き、艦船を活用し運送業を行うよう説得したとのことである。しかし、榎本は考えを変える気はなく、結局「訣別《けつべつ》」することとなったらしい。八月の脱走を待たず、この時点で駿河徳川家が陸軍・海軍をともに維持することは困難になったのである。

ところが、一〇月二五日駿河府中《ふちゅう》藩は「海軍学校」の設立方針を打ち出し、スタッフの任命を行った。ちょうど陸軍学校の教授・生徒任命が開始された時期と同じである。海軍学校頭（校長）には佐々倉桐太郎《きりたろう》が任命され、その下には頭並・取締役・一等から五等までの学校役といった職員四九名が置かれた。一一月にはもう一人の頭として肥田《ひだ》浜五郎が加わった。佐々倉も肥田も軍艦頭として幕府海軍の幹部だったが、脱走艦隊には加わらなかった人物である。学校の設置場所は清水港とされ、とりあえずの仮校舎には江尻《えじり》宿在河尻村（現静岡市清水袖師《そでし》町）の元旗本陣屋《はたもとじんや》があてられた。

陸軍学校と対抗するように設置が決まった海軍学校であるが、いくら佐々倉や肥田が長崎海軍伝習所・咸臨《かんりん》丸渡米以来の海軍きっての実力者であろうとも、陣容《じんよう》全体では貧弱すぎた。旧幕府海軍の主力メンバーは脱走軍のほうに参加していたし、残留した矢田堀鴻《やたぼりこう》・赤松則良《あかまつのりよし》・伴鉄太郎《ばんてつたろう》といった俊英も先に設立が進められていた陸軍学校のほうに取られてしまっていたのである。そして何よりも船がなかった。明治二年正月二三日、藩庁は海軍局の廃止を布達《ふたつ》、海軍学校の職員たちも転役を命じられた。佐々倉・肥田らは運送方頭取となり、勘定所の下で運送業務に従事することとなった。その後運送方は航運方と改称したが、三年（一八七〇）四月唯一の船である運送船行速丸《こうそくまる》が政府に献納《けんのう》されることとなり、六月には乗組員とともに品川に送られた。

佐々倉は権少参事・水利路程掛に就任し、海軍で学んだ測量技術を活かし土木・水利関係の仕事を担当したが、肥田は藩内ではやるべき仕事がないと判断したものか、明治二年八月には上京し政府民部《みんぶ》省に出仕した。海軍の有能な人材が陸で干上《ひあ》がってしまうことを憂慮した勝海舟は、二年一一月二八日付の大久保利通《おおくぼとしみち》宛書簡で、「海軍士官等説諭御奉公ニも差出させ度」（『大久保利通関係文書』第二巻）と述べているように、新政府に出仕させることを考えていた。箱館降伏人が帰参してくる三年以降はなおさら大変であった。

何の実態もないままわずか三ヵ月の短命に終わった海軍学校は、駿河府中藩が描いた幻であった。幕府時代には陸軍よりも一歩進んでいた海軍が、静岡藩では日の目を見ることはなかった。逆に花開いたのが陸軍のほうの沼津兵学校だったのである。

教育に賭ける

沼津兵学校の教育

資業生

さて、明治元年一二月に「徳川家兵学校掟書《おきてがき》」により細則《さいそく》を定めた沼津兵学校は、二年正月に開校した。西周《にしあまね》の日記によれば、一月八日の開校当日には赤飯《せきはん》が配られたことがわかる（『西周全集』第三巻、一九六六年）。

掟書の規定では、兵学校の生徒は資業生《しぎょうせい》→本業生→得業生《とくぎょうせい》と三段階に進級するしくみであり、資業生になるためには附属小学校の童生（生徒）から第一試と呼ばれる入学試験に合格しなければならなかった。しかし、開校当初には附属小学校からの進学者は存在しないため、一〇月から任命が開始されていた三〇〇から五〇〇名の暫定《ざんてい》生徒が資業生への進級対象者となった。二年四月時点で、「大学校」（兵学校のこと）の稽古人《けいこ》が資業生以外に約三〇〇人、小学校の稽古人が約四〇〇人いたとされる。つまり、兵学校には、正規の資業生と暫定生徒、附属小学校童生の三種類の学生が存在したのである。陸軍士官から暫定生徒に指名された者は、明治《めいじ》三年春頃までは俸金をもらいながら勉強したが、それまでに資業生に合格しなかった者は生徒と士官の身分をともに失った。

図9　野沢房迪の資業生辞令
明治2年9月に渡された第4期生のもの（沼津市明治史料館蔵）

　掟書が規定する資業生の受験資格は年齢が一四歳から一八歳までとされたが、元陸軍士官から暫定生徒に任命されたのは三〇歳未満の者とされており、規定通りにはならなかった。表1に示した如く、実際に資業生に採用された者には二〇代はもちろん、三〇代の者さえ含まれた。中には妻子持ちの者もいた。たとえば、明治二年四月一日・二日に行われた資業生採用試験に及第《きゅうだい》した元撤兵《さっぺい》改役真野肇《まのはじめ》は、息子文二（後の工学博士）を附属小学校に入学させてもおり、親子で生徒になったことになる。真野の同期生高松寛剛は、「御規定の年齢にも越へ候得共《そうらえども》御人少の折柄に付出格の訳

表1　沼津兵学校資業生の年齢分布

年齢	人数
35歳	2
31歳	5
30歳	3
29歳	4
28歳	7
27歳	9
26歳	5
25歳	7
24歳	5
23歳	11
22歳	5
21歳	5
20歳	9
19歳	11
18歳	7
17歳	11
16歳	4
15歳	5
14歳	3

※判明者のみ．年齢は明治4年時点．ただし，年齢には若干の誤差あり．

を以《もっ》て」資業生を命じられたとの記録が残されており、発足当初の例外的措置だったことがうかがわれる。当然、教官と生徒の間で年齢の逆転も見られた。

なお、明治二年四月真野とともに採用されたのは二〇名であり、第二期資業生とされる。第一期資業生は試行的に採用されたためか、僅か五名だった。掟書上は毎年八月に入試が実施され、一〇月に入学が許されるとされていたが、実際には資業生採用はもっと短い間隔で行われ、兵学校が存続した三年半の間に第九期まで採用されている。資業生の総数は現在判明している限りでは二一八名である。第一期生は開成所の出身者が多かったので「開成所連」、第二期から第三期までは陸軍士官出身者から成っていたため「士官連」と呼ばれた。第四期・第五期になると、元陸軍士官から選ばれた暫定生徒ではなく、掟書にのっとり附属小学校から進級した者が登場したので「小学校連」と呼ばれた。第六期・第七期以降は、沼津以外の藩内各所から選抜され寄宿寮に入った者が多かったため「寄宿連」

と呼ばれた。

資業生とは、歩兵科・砲兵科・築造科という将校としての専門課程（本業生）に進む前の基礎過程であり、後年の中等教育のレベルであった。修業年限は四年であり、その間に第二試に及第すれば本業生に進むことになっていた。本業生の修業年限は三年で、第三試に及第後は得業生に進み、士官への任官を待つことになっていた。ただし、学校が存続した三年半の期間に第二試は行われず、本業生が誕生することはなかった。

試験問題

資業生の採用試験は、掟書上は「第一試」とか「小学試業」と記されるが、その問題は素読《そどく》・手跡《しゅせき》・算術・地理の四科から出題された。素読は句読音訓を間違いなく朗誦《ろうしょう》することが求められた。手跡は公私文章を文意が貫徹するよう速やかに記すことが必要とされ、字の上手い下手は二の次とされた。算術や地理は当然問題に対する正解が求められた。いずれも附属小学校で習得されたはずのレベルから入試問題が出されたのである。

明治二年六月四日・五日に行われた第三期資業生の採用試験では、算術が六問出題されたほか、公私文章として「友人に西洋学を進むる書状」「先鋒《せんぽう》にあつて敵の一関を破り得て本営の進軍を促す状」「敵城を得るの後其士民に諭告する文」というテーマでの作文が

表2　沼津兵学校資業生

	及第時期	人数	氏　　名　（旧　　名）
第1期	明治2年正月	5	芳賀可伝(鉄一郎)　西尾政典(祐三郎)　矢橋裕(六郎兵衛)　服部二郎(中根二郎)　佐々木慎思郎
第2期	明治2年4月	20	永峰秀樹(矯四郎)　堀田維禎(徳次郎)　江間経治(精一)　荒川重平(敬次郎)　中川将行(錠蔵)　島田随時(盈之進・揆一)　池田保光(六蔵)　溝口善補(衛)　中村省三　大川通久(千作)　田付直男(主計)　吉村幹(幹之丞)　北山経乗(庄蔵)　高松寛剛(太郎)　真野肇(覚之丞)　渡部当一(虎楠)　渡部当次(楠象)　石井至凝(新八)　三谷隆造(隆之助)　成沢知行(甚平)
第3期	明治2年6月	29	鈴木知言(伴三郎)　三田佶(平蔵)　望月二郎　片山直人　飯島正一郎　滝野盤(盤三郎)　木部決(廉一郎)　遠藤信古(孫十郎)　芳賀勝貞(行蔵)　近藤哲作(銀之丞)　古川宣誉(善助・郁郎)　中島豊蔵　山下宣彪(泉之丞)　石川春明(鉦太郎)　千種顕信(房五郎)　大平俊章(鍘吉郎)　福岡伸郎(左馬次郎)　本多銕三(銕之助)　坂本英延(金次郎)　矢吹秀一(恒蔵)　阿久沢義有(新吉)　小野沢敬之　入江倫愛(彦吉郎)　岡田忠良(顕次郎)　桜木周一郎　吉田泰正(一郎)　原田信民(鉞太郎)　長谷部長民(彦右衛門・彦造)　加藤寿(土岐季七郎)
第4期	明治2年9月	59	塚原靖(直太郎)　島田三郎(鈴木三郎)　志村貞鋧(太郎)　平野録郎　原胤列(嘉藤次・新七郎)　飯野忠一　伊藤直温(良作)　長野甚太郎　大島善太郎　生島準(万之助・丈平)　石橋絢彦(栄作)　早川省義(高松次郎)　竹村正路(保三郎)　市川芳徹(嘉一郎)　吹田鯛六　高橋成則(善三郎)　岡敬孝(確之輔・確造)　山口圭三(圭三郎)　西村正立(熊次郎)　根岸定静(欽三郎・詮)　神津道太郎　仙波種艶(竹八郎)　野沢房迪(子太郎)　高橋直重(三九)　大岡忠良(主税・恂一)　伊藤重固(甲子太郎)　愛知信元(三録)　笹瀬元明(鍒太郎)　豊田金十郎　渡辺英興(左太吉)　佐竹万三　土屋氏貴(金六郎)　久松碩　関巳吉(巳之吉)　山口信邦(七郎)　諏訪頼永(功)　関近義(勘五郎)　岡田正(鉦八郎)　小森儀一(謙造)　堤永類(幹司)　伊庭真(惣造)　小菅正直(飯田小十郎)　箕輪信文(台三)　中川功(惣一)　武蔵吉彰(孫太郎)　永井当昌(弦一郎・勝吉)　小林秀一(銚三郎)　福田知至(鉄太郎)　佐久間信英(椿平)　大塚庸俊(貞治)　倉林五郎　栗野勝吉　岡部長民(五郎兵衛・廉)　亀岡為定(貞治)　瀬名義利(糟谷富五郎)　三浦直政(松三郎)　山内定一　鈴木守　林正功(庫之丞・忍)

第5期	明治3年3月	14	喜多山正誼(由太郎)　人見留三郎　坂野秀雄(秀三郎)　新井秀徳(弥惣)　永井久太郎　長坂録蔵　稲葉錠次郎　大門顕重(辰次郎)　奈佐栄(栄太郎)　村田米蔵　細井均安(広川久之丞・久)　折井正味(長三郎)　中島静(文次郎)　清野勉(此面)
第6期	明治3年9月	31	増井恒三郎　加藤泰久(高塚義太郎)　赤井親善(錀太郎)　村田惇(繁太郎)　小板忠重(富太郎)　加藤義質(金太郎)　海津三雄(銀十郎)　権田正三郎(杉田正三郎)　松平正秀(八十一)　柳瀬友生(八十吉)　小島好問(三郎)　松岡馨(捨三郎)　大塚貫一　松原秀成(平)　内藤恒徳(富五郎)　栗山勝三(勝之進)　秋元盛之　川住義謙(六郎)　天野富太郎　杉浦勝之(善蔵)　竹内有好(鍬吉)　河合利安(錬太郎)　岩間清　佐久間正(若代漣蔵)　中川喜重(政一郎)　本多次郎　田口卯吉　末吉択郎　横地重直(太郎)　津田束(捨五郎)　浜田晴高(凡)
第7期	明治4年3月	29	堀江敬慎(保太郎)　杉田悦三郎　杉浦岩次郎(伊藤岩次郎)　渡瀬昌邦(房太郎)　武藤孝長(甚五郎)　近藤政敏(厚三郎)　黒瀬甚平　成瀬隆蔵(範三郎・正忠)　雨宮知剛(与三郎)　中山訥(於菟太郎)　杉山義利(喜曽太郎)　辻芳太郎　松井惟利(鎌次郎)　向山慎吉　六郷熊三郎　細井宗八郎　桑原惟時(鋼三郎)　近藤義尚(三四郎)　高田尚賢(健作)　石川義仙(政太郎)　宮川保全(由三郎)　小川信(田島藤太郎)　水野秋尾　塩野谷景光(近三郎)　間宮信勝(六三郎)　吉川舟一　伊藤元一郎　松山温徳(邦次郎)　高浜順之(鎮太郎)
第8期	明治4年9月？	10	平岡道生(錠三郎)　細井勝文(十二郎)　和多田直正(八太郎)　堀江当三(三喜楠)　小林百之　多門祐二(一)　田原高雄(琢磨)　鈴木釜三郎　川口米五郎　近藤藤次郎
第9期	明治5年3月？ 4月？	21	山口渉(吹田多吉)　浅川広湖(万次郎)　関戸孝(鋭橘)　臼井藤一郎　永嶺源吉　磯田鉄太郎　真坂忍(新十郎)　中村正寿(乾一)　水野勝興(信作)　新家孝正(彦太郎)　石川敬之(歓次郎)　下山孝三　平野義方(次郎作)　村田継述(惣太郎)　渡部万喜楠　野口保三　奥沢信行(喜太郎)　木村才蔵　伊藤泰明(鍋吉)　小田新太郎　細井安恭(松之助)

※石橋絢彦「沼津兵学校沿革(五)」(『同方会誌』42)掲載の名簿を土台に，各種文献・資料から氏名を特定し作成．

求められた。素読は、礼記《らいき》・元明史略・国史略から出題された。

同年九月一一日・一五日の第四期資業生入試では、公用文章として「敗軍の後士卒を励す布告文」、私用文章として「剣客ニ与ふ書」という問題が出されている。暫定生徒・小学校童生約一五〇名が受験したうち、及第者は五九名であり、上位三名は甲科とされ、以下二十数名ずつが乙《おつ》科・丙《へい》科とされた（宮地正人『幕末維新期の社会的政治史研究』岩波書店、一九九八年）。競争率は二・五倍ほどだった。

受験者には劣等生もいたようで、酒井雅楽頭《うたのかみ》を「がらくのかみ」、井伊掃部頭《かもんのかみ》を「はらいべのかみ」と読んだり、試験官から安禄山《あんろくざん》とは何かと質問され、中国の山の名前であると答え、教授たちから爆笑されたなどというエピソードも知られる。ちなみに、この逸《いつ》話《わ》は、篠田鉱造《しのだこうぞう》『幕末百話』（明治三八年初版）で紹介されたものであり、談話者の氏名は明記されていないが、内容その他から判断して第四期資業生大岡忠良が語ったものであると推測できる。

兵学校ではなく附属小学校でのことであるが、学科試験は点数ではなく寸尺によって成績を付けたという。たとえば、漢学上中、筆算中上、体操下上、上中を二寸、中上を一寸五分、下上を一寸とし、総計が四寸五分になるといった具合である（金城隠士《きんじょういんし》「沼津時代の回顧（二）」）。これは昌平黌《しょうへいこう》以来の「品評」法だったようで、新しい試みばかりが目立つ沼津兵学校の教育の中では旧式のやり方が残った例である。

生徒の出自

沼津兵学校資業生に集まった者たちは、幕末以来の人材登用《とよう》や組織改編等を経て、何度もシャッフルされてきた人材であり、実に多種多様な出自を持っていた。特色ある背景を持つ人物を何人か紹介してみよう。

永峰　秀樹（第二期）甲斐《かい》国北巨摩《きたこま》郡の修験《しゅげん》・医師の子に生まれ、旗本平山敬忠（省《せい》斎《さい》）に仕えた後、御家人《ごけにん》の家を相続し撤兵となった。

大川　通久（第二期）代々幕府の御鳥見《とりみ》役をつとめた家の七代目。見習をつとめた後、同役の廃止に伴い、慶応四年九月小筒《こづつ》組に編入された。

田付　直男（第二期）田付流《たつけりゅう》砲術の家元で、幕府鉄砲頭の家柄。御先手鉄砲方兼講武所砲術師範役をつとめた。

石井　至凝《みつなり》（第二期）武蔵国多摩郡大蔵《おおくら》村（現東京都世田谷区）の名主《なぬし》の子から身を起こし、幕府書物奉行となった石井至穀の孫。

望月　二郎（第三期）幕府与力《よりき》望月俊良の子。実兄は浅草花屋敷《はなやしき》を営んだ植木屋・造園家森田六三郎（三代目）である。

千種　顕信（第三期）　一橋《ひとつばし》家に四代にわたり仕えた家の次男に生まれ、新規取り立てで分家し、同家の剣術教授方・床机《しょうぎ》廻銃砲隊頭取などをつとめた。

大平　俊章（第三期）　慶応《けいおう》四年三月一三日彰義隊《しょうぎたい》士に暗殺された撒兵頭大平備中《びっちゅう》守俊親の子。祖父三五郎俊正は御腰物《こしもの》奉行をつとめた。

志村　貞鋹（第四期）　八王子千人同心《どうしん》之頭をつとめた家の一一代目当主源一郎貞廉の子。知行高五〇〇石余。

原　胤列（第四期）　八王子千人同心之頭をつとめた家の一四代目当主。

石橋　絢彦（第四期）　浪人《ろうにん》の子として江戸に生まれ、元治元年幕府御坊主石橋家の養子となる。御坊主の廃止により撒兵に属した。

久松　碩（第四期）　高島秋帆《しゅうはん》の近親。秋帆の兄久松碩次郎の息子か。

武蔵　吉顕（第四期）　貝や昆虫に関する標本・著作をつくったことで知られる本草《ほんぞう》学者の旗本武蔵石寿《むさしせきじゅ》（孫左衛門吉恵）の孫と思われる。

永井　当昌《まさなり》（第四期）　伊賀者の家柄。服部半蔵配下で徳川家康の伊賀脱出を道案内した先祖を持つ。騎兵となり、鳥羽・伏見戦争では斥候をつとめた。

岡部　長民（第四期）　禄高一三〇〇石の旗本岡部駿河守《するがのかみ》長常の子。長常は安政から文久期に長崎奉行《ぶぎょう》をつとめたほか、外国奉行・神奈川奉行なども歴任。

栗山　勝三（第六期）　京都町奉行同心千賀与一郎の次男に生まれ、慶応二年同じく同心栗山庄蔵宗質の養子となり、同心見習となった。

和多田直正（第八期）　御庭番《おにわばん》から初代新潟奉行になった川村修就《ながたか》の四男和多田一夢《いちむ》の子。和多田家も御庭番の家柄で、高一〇〇俵だった。

臼井藤一郎（第九期）　浦賀奉行所の同心をつとめた家の一〇代目であり、浦賀で生まれ育った。最初の妻は箱館戦争で戦死した中島三郎助の娘。

幕府に仕えたさまざまな家柄の出身者であり、大身《たいしん》の旗本、微禄《びろく》の御家人など、種々雑多である。資業生全員の家格《かかく》・禄高等が判明しているわけではないので、統計的な分析はできないが、中下級の旗本・御家人が多いという印象である。中には自身の代、あるいは父祖の代に庶民から武士身分に参入した者も少なくない。

先に紹介した『幕末百話』のエピソードのように、資業生受験者の中には劣等生も混じっていたようだが、及第した者の履歴からはすでに幕末段階で、漢学の素養はもちろん、年長者の中には洋学をかじっていた例も見られ、多くはそれなりの学歴を有していたことがわかる。以下、維新前における資業生の学歴の具体例を掲げてみよう。

芳賀　可伝（第一期）芹沢随軒《せりざわずいけん》に漢学を、開成所で英仏学と算術を学んだほか、前島密《まえじまひそか》の自宅でも英語・数学を学んだ。
西尾　政典（第一期）文久元年から慶応元年まで開成所教授職渡部温に英学修業。
荒川　重平（第二期）慶応元年昌平黌素読吟味及第、二年横浜で沼間守一から仏式歩兵科伝習を受け、京都では上官江原素六からオランダ語を学ぶ。
片山　直人（第三期）文久二年（一八六二）昌平黌学問吟味《ぎんみ》乙科及第。
小野沢敬之（第三期）文久元年から慶応三年まで横浜修文館で漢学を学ぶ。
岡田　忠良（第三期）横浜語学所の生徒としてフランス語を学んだ。
長野甚太郎（第四期）元治《げんじ》二年（一八六五）昌平黌学問吟味丙科及第。
西村　正立（第四期）安政《あんせい》六年（一八五九）聖堂素読吟味及第、文久二年和算教授傍島

生徒の学歴

根岸　定静（第四期）　富之丞より代授許を受ける。
　元治二年昌平黌学問吟味丙科及第。

野沢　房迪（第四期）　安政五年（一八五八）頃から江川太郎左衛門に高島流砲術を学ぶ。

大岡　忠良（第四期）　嘉永《かえい》六年から文久三年まで杉原平助に漢学、慶応元年から三年
　まで森川義則に洋算を学ぶ。

山口　信邦（第四期）　新潟で上田友助から、箱館で向山黄村《むこうやまこうそん》・塩田順庵らから漢学、
　武田成章から蘭《らん》学、江戸で安積艮斎《あさかごんさい》・栗本鋤雲《じょうん》らから漢学を学
　ぶ。

中島　静（第五期）　塙《はなわ》次郎に七年間漢籍を学ぶ。

松岡　馨（第六期）　文久二年から三年まで古屋佐久左衛門に英学、文久三年中福地
　源一郎に英学、慶応四年中大鳥圭介《おおとりけいすけ》に英仏学修業。

水野　勝興（第九期）　文久三年から慶応三年まで矢村愛太郎に漢学を学ぶ。

新家　孝正（第九期）　元治二年から内藤七太郎に漢学を学ぶ。

武士の子弟にとって学問を修めることは当然の習性だったとはいえ、資業生及第者は家庭の教育環境に恵まれ、自らも向学心を強く抱いた青少年たちだったのだろう。開成所・

海軍所・横浜語学所などに入った者は少数派だったが、私塾での学習や個人的なつながりなどから、組織的な学校教育や洋学の有効性をいち早く察知し、兵学校への進学を選択したものと推測される。

後年江原素六は以下のような逸話を講演の中で紹介している（『東京市教育時報』第一一号、明治三四年八月）。

沼津の士族にて某といふ後家《ごけ》の人がありました、其人《その》は毎朝台所へゆき竈《かまど》へ焚《た》きつけるに先《さき》だちて必らず子供の為に机をならべ、或は習字に又は読本、若《も》しくは算術など、子供目醒めて後飯迄復習をなすに便利になる様にいたして一日も怠りませぬといふことであります、果して其子供両人は両三年以前に博士になられました。

これは、子どもに対する母親の感化《かんか》力について江原が昔見知ったことを例示したものであるが、沼津兵学校附属小学校の生徒渡瀬寅次郎・庄三郎兄弟とその母ゆうのことかと思われる（庄三郎が理学博士になったのは明治三一年）。進学熱の背景には教育ママがいた。

なお、資業生中、慶応三年幕府の「仏蘭西《フランス》陸軍歩兵科伝習人」、すなわち三兵士官学校の生徒に選抜されたことが確認できるのは、堀江当三《ほりえとうぞう》・中島豊蔵《とよぞう》・神津道太郎《こうづみちたろう》・小林秀一の四名だけであり、沼津兵学校が同校と組織的な継続関係にはなかったことを示している。

教授陣

表3は沼津兵学校の教職員の一覧である。陸軍の士官学校である以上、陸軍出身者が多いことは間違いない。特に三等教授方の多くは元陸軍士官であった。その一方、頭取《とうどり》西周以下、開成所の出身者も高い比重を占めている。幕府陸軍の未来を担うべく選抜され、フランス軍人の直接指導を受けた横浜語学所の出身者も五名いるが、いずれも年齢的に若く三等教授方以下である。そして西の主導性とならび、何よりも沼津兵学校の特徴を形作った大きな要素として海軍出身者の存在がある。長崎海軍伝習所に学んだ伴《ばん》鉄太郎・塚本明毅《つかもとあきかた》・赤松則良《あかまつのりよし》らがいずれも一等教授方に配されたのである。これは単に榎本艦隊脱走によって行き場を失った海軍士官を拾い上げたというのではなく、彼らの能力が新しい学校の責任ある地位にふさわしいと判断されたからに違いない。幕府軍制改革の先鞭をつけた海軍は、育成した人材の面でも陸軍より先を行っていたのである。

掟書では、頭取は、兵事・兵律に精通し、和漢西洋古今の兵制に暁通《ぎようつう》した、人望《じんぼう》ある者が陸軍総括ら幹部の衆議によって選任されるとされていた。頭取は知識・人格とも兼ね備えた者がなるべきであると厳しい条件が付けられ、その代わり学校全体を統轄する大きな権限が与えられたわけである。一等教授方は将校三科目（歩《ほ》兵《へい》・砲兵《ほうへい》・築造《ちくぞう》）のうち一科もしくは数科に精通していること、二等・三等教授方は資業生の授業科目のうち一科に

表3　沼津兵学校・同附属小学校の教授陣

役　職(担当)	氏　　名	年齢	主要な前歴	役金
頭取(英仏)	西周(周助)	39	開成所教授職	500両
一等教授方(数漢)	伴鉄太郎	42	軍艦頭	
一等教授方(数)	塚本明毅(桓甫)	35	軍艦頭並	
一等教授方(英蘭)	大築尚志(保太郎)	33	歩兵差図役頭取	370両
一等教授方(数築)	赤松則良(大三郎)	28	軍艦操練教授方出役	
一等教授方	田辺太一(蓮舟)	37	外国奉行支配組頭	
一等教授並(英)	渡部温(一郎)	31	開成所教授職並出役	300両
二等教授方(数)	浅井道博(雁六)	25	砲兵差図役	
二等教授方(英蘭漢)	乙骨太郎乙	26	開成所教授手伝並出役	220両
三等教授方(体歩)	平岡芋作(鎮太郎)	22	歩兵頭並	
三等教授方(砲)	万年千秋(精一)	35	砲兵頭	
三等教授方(数砲)	間宮信行(鉄太郎)	34	砲兵頭	200両
三等教授方(数築砲)	天野貞省(鈞)	33	歩兵頭並・砲兵頭	
三等教授方(仏蘭)	永持明徳(五郎次)	23	砲兵差図役頭取	
三等教授方(英仏)	石橋好一(鎗次郎)	23	開成所教授手伝並出役	
三等教授方(英砲)	高島茂徳(四郎平)	24	砲兵差図役頭取	
三等教授方(数)	黒田久孝(久馬)	23	砲兵差図役頭取	
三等教授方(漢)	中根淑(逸郎)	29	歩兵差図役	
三等教授方	揖斐章(吉之助)	24	撒兵頭並	
三等教授方(数英漢)	神保長致(寅三郎)	26	騎兵差図役勤方	
三等教授方(英数)	薗鑑(鑑三郎)	30	開成所教授手伝並出役	
三等教授方(体)	久須美祐利(七十五郎)	26	奥詰銃隊頭並	
三等教授方(仏)	山内勝明(文次郎)	20	大砲差図役頭取	
三等教授方並(画)	榊綽(令一)	45	開成所活字御用	135両
三等教授方並(数英漢)	山本淑儀(誉五郎)	30	開成所蘭学教授手伝出役	
三等教授方並(数)	鈴木重固(源五郎)	32	開成所教授手伝並出役	
三等教授方並	杉浦赤城(清介)	43	砲兵差図役並勤方	
員外教授方(英仏蘭)	杉亨二	40	開成所教授職並	
教授方手伝(数)	山田昌邦(清五郎)	20	軍艦役並見習三等	75両
教授方手伝	小野清照	17	横須賀製鉄所訳官	
教授方手伝(仏)	熊谷直孝(次郎橘)	18	横浜語学所生徒	
教授方手伝(漢)	鈴木成虎(吾一)	39	開成所調方出役	
教授方手伝(数)	浅野永好(源四郎)	40	浦賀奉行所同心	
絵図方	小野金蔵		陸軍所の大砲製図役	100両
絵図方	江原要人(鮐多郎)			
絵図方	川上冬崖(万之丞)	41	開成所画学教授出役	150両
化学方	桂川甫策	36	開成所教授手伝出役	
火工方	柏原淳平			
書記方	井上清相(周二)	39	長崎奉行支配調役並	100両
書記方	中川冬得(虎一郎)		小筒組差図役頭取	
書記方	松井甲太郎	38	開成所書物方	100両
調馬方	竹田金次郎		御馬乗見習	
調馬方	並木元節(謙司)			
調馬方	岩波勝常(力次)		騎兵差図役下役並	

調馬方	伊藤隼(隼一)	20	横浜語学所生徒・騎兵方	
御馬方	函館大経(小野義三郎)	22	馬乗差図役並	
御馬方	林譲治	18	馬乗役雇	
喇叭方教授	鈴木高信(与三郎)		喇叭手嚮導役	
喇叭方教授	佐野照房(左金吾)			
喇叭方教授	梅沢有久(伝吉)		喇叭手嚮導役	
喇叭手出役	戸張胤邦(重太郎)	15	御用人支配	
体操方	羽山�(勝四郎)	21	歩兵差図役頭取勤方	
体操方	本多忠直(幸七郎)	28	脱走伝習士官隊歩兵頭	
体操方	山口知直(朴郎)	17	脱走伝習歩兵隊頭取	60両
体操方	笠島重助			
体操方	下逸郎	18		
小学校頭取(砲)	蓮池新十郎	27	砲兵差図役	
三等教授方(体歩)	森川重申(大三郎)	27	歩兵差図役頭取並	
三等教授方並(数)	榎本長裕(徳次郎)	19	開成所数学教授手伝並出役	135両
三等教授方並	吉村右文次		撒兵差図役下役	
教授方手伝	山田大夢(潔)	39	関宿藩家老	20両
手跡教授方	斎藤三次郎			
手跡教授方	尾江川知三(清)	33		
手跡教授方	永井直方(源内)	52	御留守居同心・撒兵	
素読教授方	名和謙次	27	学問所下番	60両
素読教授方	生駒藤之(藤三)	25		
素読教授方	岡田老峰(隆三)	38	日光学頭・甲府徽典館学頭	
素読教授方	山田楽(良助)	28	御台所御側役	
素読教授方	脇屋辰太郎			
素読教授方並	亀里樗翁			
素読教授方並	石川東崖			
算術教授方	関大之(大之進)		仏蘭西陸軍歩兵科伝習人	
算術教授方	野口昇(昇次郎)	22		
剣術教授方	小野田東市	42	講武所剣術師範役並	
剣術教授方	伊藤鉐一(鉐之助)		遊撃隊並	
剣術世話方	陶山儀三郎	25	仏蘭西陸軍歩兵科伝習人	
剣術世話方	吉田達太郎			
剣術世話方	臼井淳三郎		書院組	
剣術世話方	児玉鼎			
体操教授方	別所貫一	30	撒兵教導役	
体操教授方	福島惟成(邦太郎)	27	歩兵教導役	
体操世話方	苅谷祐之(忠三)		小筒組差図役	
体操世話方	岡島小太郎		小筒組教導役	
体操世話方	柳田真八郎		小筒組教導役	
体操世話方	瀧野貞豊(耕一郎)			

※中間の太線から上は兵学校，下は附属小学校の教授陣．
役職は主として明治2年9月時点でのものとした．年齢は明治元年時点．
(　) 内の担当教科は史料上判明した者のみ記した．
年齢は満年齢としたが，一部数え年の者がある．
役金は史料から判明する人物のみに記入したが、基本的に同役は同額である．

沼津 兵學校役々
頭取 西周
一等教授 伴鐵太郎
塚本桓甫
大築保太郎
赤松大三郎
同並 渡邊一郎
二等 浅野鳫六
乙骨太郎乙
三等 平岡鎮太郎
萬年精一
間宮鉄太郎

図10　沼津兵学校教授陣が掲載された「沼津御役人附」（沼津市教育委員会蔵）

図11　沼津兵学校頭取西周
（オランダ留学中に撮影された写真，沼津市明治史料館蔵）

図12　鈴木重固
開成所数学教授手伝出役から沼津兵学校三等教授並になった

精通していることが条件とされた。

旧幕時代の身分・格式を壊して創られた静岡藩の職制上、役金（俸給）の多寡《たか》が地位を示す基準となっていたが、頭取・一等教授方と三等教授方以下との間には大きな格差があり、まさに頭取・一等教授方が学校の首脳部だったといえよう。その首脳部を、旧陸軍ではなく開成所と海軍の出身者が占めたという点に、旧幕時代の陸軍軍制改革と静岡藩沼津兵学校との断絶面が見えるのである。言い換えれば、旧政権からの延長ではなく、新たな創造という側面である。創造の最初の担い手は阿部潜であったが、西が加わったことでさらなる新機軸が生まれたのである。

兵学校の陣容《じんよう》については、当時においても「人才相集り候趣評判」だったようで、「天朝ニ而《て》も右等之英雄ハ無之《これなき》よしニ御座候」「尽《ことごと》ク各々無能之者者《は》壱人ニ而も無之《これなく》」という大変な評価であった。これはある藩士が東京に残った父親にあてた明治二年四月四日付の手紙であるが、極めつけは「唯今沼津の如ク人物そろひ候へ者、滅亡ハ仕間敷哉抔《つかまつるまじきかなど》、人々口すさミ居申候《おりもうし》」という一節である。沼津に結集したような人材がもっと早く幕府で抜擢《ばってき》されていたら瓦解《がかい》はなかったであろうと人々が口にしているというのである。それは単なる負け惜《お》しみではなく、一面において真実を言い当てていたといえよう。

教授陣の中には旧幕時代に海外へ派遣された経歴を持つ者が少なくなかった。人材の華麗さを示す要素のひとつである。

洋行体験者

まずは、咸臨《かんりん》丸での渡米経験者として伴鉄太郎・赤松則良がいる。そして、文久《ぶんきゅう》の第一次遣欧《けんおう》使節の随員だった永持《ながもち》明徳、第二次遣欧使節やパリ万国博覧会に参列する徳川昭《あき》武《たけ》一行に随行した田辺太一、昭武一行に加わりフランス留学生となった山内勝明《やまのうちかつあき》・熊谷《くまがい》直孝《なおたか》らである。伴・赤松は海軍士官としての航海、永持や田辺は外交団としての仕事が目的であり、必ずしも学問修行のために渡航したわけではなく、山内・熊谷の留学なども短期間で成果があがらなかったと思われるが、実地に欧米先進文化に触れることができただけでも大きな経験となっていた。

沼津兵学校にとって最も大きな影響を与えたのが西周《にしあまね》・赤松則良という二人のオランダ留学経験者であった。幕府が派遣した留学生の派遣先には、オランダ・ロシア・イギリス・フランスがあったが、オランダ留学生は期間も長く人選も的確で、最も効果をあげたといえる。「掟書」の条文に盛り込まれた内容には、西らが彼の地での学習・見聞から得たものが少なくなかったと想像される。当局もそれを期待し、彼らを陸軍局に招き入れたはずである。

図13　赤松則良
オランダ・ハーグのホーマン写真館で撮影

図14　田辺太一
慶応3年（1867）パリのヌマ・ブラン写真館で撮影

図15　山内勝明
派遣されたフランスで撮影した写真

なお、なぜかイギリス留学生については、沼津に来た者はなく、中村正直《なかむらまさなお》・外山正一《とやままさかず》・杉徳次郎《すぎとくじろう》・岩佐源二《いわさげんじ》など、静岡学問所のほうに教授として赴任した者が多い。

赤松と山内は、ともに慶応四年五月に帰国したばかりであった。有形・無形の海外土産は沼津にダイレクトにもたらされたのである。兵学校附属小学校の童生《どうせい》に課せられた「講釈聴聞」は、通常の授業とは別に、毎週日曜日の朝、蒙求《もうぎゅう》・小学を講義したものであり、「恰《あたか》も基督《キリスト》教の礼拝説教といふ趣があつた」という。ヨーロッパでの生活体験が、このようなキリスト教の教会に倣《なら》った修身教育法を採用させたのかもしれない。

教職員の転任・昇進

組織として当然のことであるが、教授やその他のスタッフには転任や昇進があった。「掟書」にも、学術が進歩し、「生徒引立方深切《ひきたてかたしんせつ》」であれば、小学校教授から兵学校教授へ、三等から二等へといった昇進が行われる旨が明示されていた。もちろん、「試業」が前提であり、頭取や一等教授方から厳しく審査されての上である。

臨時の人事としては、一等教授方赤松則良が、明治二年一〇月、津和野《つわの》へ帰省した頭取西周の不在中、頭取並を兼勤した例がある。通常の人事としては、藩内外の要因によって担当教科や定数に変更・欠員が生じた際に異動・昇進が行われたと思われる。

明治三年（一八七〇）閏《うるう》一〇月には、静岡学問所に生じた英学主任の欠員（外山正一の離任）を埋めるため、沼津から乙骨太郎乙《おっこつたろうおつ》が静岡へ転任している。その際、二等から一等教授へ昇進している。同じ頃、三等教授方の薗鑑《そのかん》も静岡へ転任し、二等教授になった。沼津で調馬方をつとめた伊藤隼《はやと》は、三年静岡学問所五等教授に転じたが、横浜語学所で身に付けたフランス語を活かすため自ら希望したと想像される。

図16　石橋好一の沼津兵学校二等教授方並辞令

逆に静岡学問所から沼津兵学校へ転じた例としては、静岡の三等教授格から沼津の図画方に転じた榊綽《さかきゆたか》、静岡四等から沼津三等並に転じた杉浦赤城、静岡四等から沼津教授方手伝に転じた小野清照《きよてる》の例がある。転任には、家族の居住地の問題など、個人的な事情も働いていただろう。

四年（一八七一）正月に行われた昇進は、大規模なものだった。渡部温《おん》が一等並から一等へ、平岡芋作《うさく》・間宮信行・天野貞省らが三等から二等へ、石橋好一《こういち》・

黒田久孝・中根淑《きよし》らが三等から二等並へ、榊綽が三等並から三等へ、本多忠直・羽山蜍《いなご》・山口知重が体操教授方から三等並へ、それぞれ進んでいる（東京都立中央図書館所蔵・渡辺刀水旧蔵諸家書簡・乙骨太郎乙宛中根淑書簡）。後述するように、三年に入ると頭取西をはじめ藩外に去る者が多く、教授の陣容はガタガタになっており、それを立て直すべく行われた昇進人事だった。

附属小学校の教授は兵学校の教授よりも格下であったが、頭取は別である。蓮池新十郎・榎本長裕《ながみち》・神保《じんぼ》長致《ながむね》・中根淑・鈴木成虎ら歴代の附属小学校頭取は、兵学校教授から転じたり、兼任したりしている。

なお、草創期の明治元年一〇月発令の人事には後に見直しがかけられ、二等教授方だった久須美《くすみ》祐利《すけとし》・平岡芋作・森川重申らは、二年には三等に格下げとなっている。当初は基準が不明確のまま人事が行われたからであろう。

追加掟書による総合大学化構想

陸軍御用重立取扱《おもだちとりあつかい》として兵学校と生育方《せいいくかた》とを統轄する立場にあった阿部潜や江原素六らは、元年一一月、「士情抗塞《しじょうこうさい》」（意志疎通の滞り）にならないように「訴所」を設けるという布達《ふたつ》を発し、陸軍局内での自由な建白《けんぱく》を奨励した。かつて公議所の設立に携わった阿部、軍隊内での下意上通《かいじょうつう》に努力した江原らしい施策といえる。能力主義の兵学校は、旧幕以来の古い体質を打破した上にこそ建てられるべきだったのであり、学校を支える環境作りが外からも進められていた。そもそも駿府（静岡）ではなく沼津に兵学校を設置した理由には、守旧《しゅきゅう》派の介入を避けたいという阿部の思惑があったという。

そして、頭取西周は、阿部たちが想像もできなかったようなさらなる新計画をぶち上げた。二年四月に起草《きそう》された「徳川家沼津学校追加掟書」がそれである。全三一条からなるこの追加規定は、既存の兵学科に加え文学科を新設することをうたっている。文学科の中には、政律・史道・医科・利用の四科を置くとのことであるが、後の学問分野で言えば、政律は法学・政治学、史道は哲学・文学・歴史学、医科は医学、利用は工学・農学などにあたる。文学資業生は文学本業生に進んだ後、「試本著述」すなわち卒業論文を提出し、得業免許を授与され、行政官・司法官・教師・外交官・医師・技術者といった藩の文官に採用されるというコースであった。これにより、沼津兵学校は単なる陸軍士官学校ではなく、文武の官僚を養成する総合大学として位置づけられたのである。

文学科の各科で学ぶべき教科のうち、政律科の本業生には、経済学（エコノミーポリチック）、政法通論（ドロワポリチック）、国法通論（ドロワシヰル）、刑律通論（ドロワキリミ

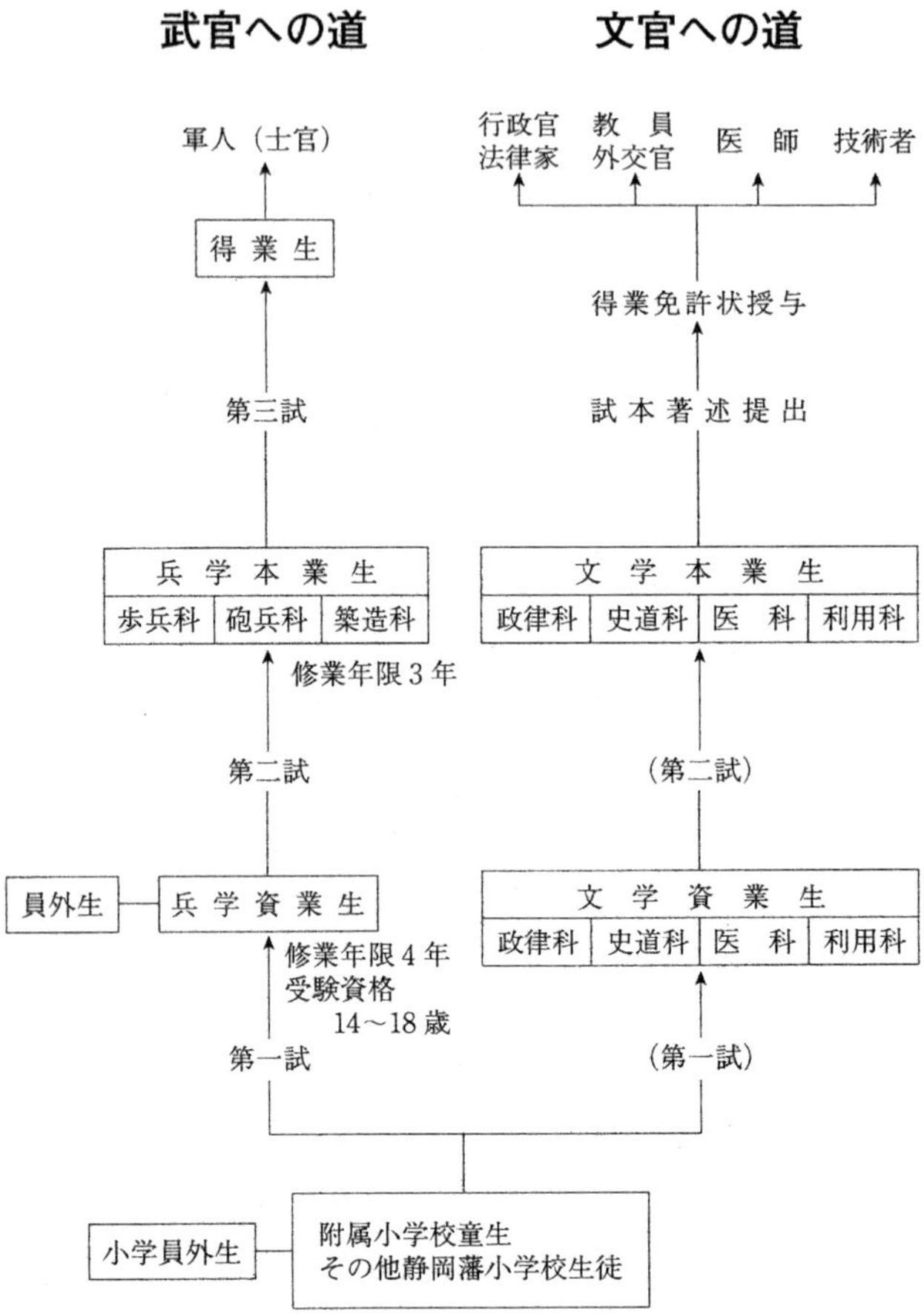

図17　「徳川家沼津学校追加掟書」が示した兵学科・文学科の進級制度

ナル）、商律通説（ドロワコンメルシアール）、政表（スタチスチック）が課せられている点は注目に値する。西は、文久二年（一八六二）から慶応元年（一八六五）までオランダに留学し、津田真道《つだまみち》とともにライデン大学のシモン・フィッセリング教授から、性法之学（自然法）、万国公法之学（国際法）、国法之学（国法学）、制産之学（経済学）、政表之学（統計学）の五科を学んでいた。そして、オランダで授けられた社会科学の基礎を今度は沼津で自らが教えようと考えたのである。留学から帰国後、西は将軍徳川慶喜に対し幕府に代わる新しい政治体制の構想「議題草案」を提出するなど、新知識を現実の政治面に活かそうと試みたが、その希望はかなえられないまま幕府は倒れた。「追加掟書」には、西の本領たる法学・政治学といった分野での人材養成という夢が込められていた。

「追加掟書」の起草よりも一ヵ月前、明治二年三月には、沼津兵学校に文武二科を置き、今後藩の官僚は同校を卒業した者の中から採用することになるので、以後「陸軍学校」の名称は廃し、単に「学校」と称すべしとの通知が、陸軍総括服部常純から陸軍御用重立取扱あてに出され、藩内一般にも布達されていた。沼津兵学校から「兵」の字を取り、「沼津学校」と称されることとされたのである。

ところが、浄書本まで作られた「追加掟書」は印刷・配布されることはなく、その内容

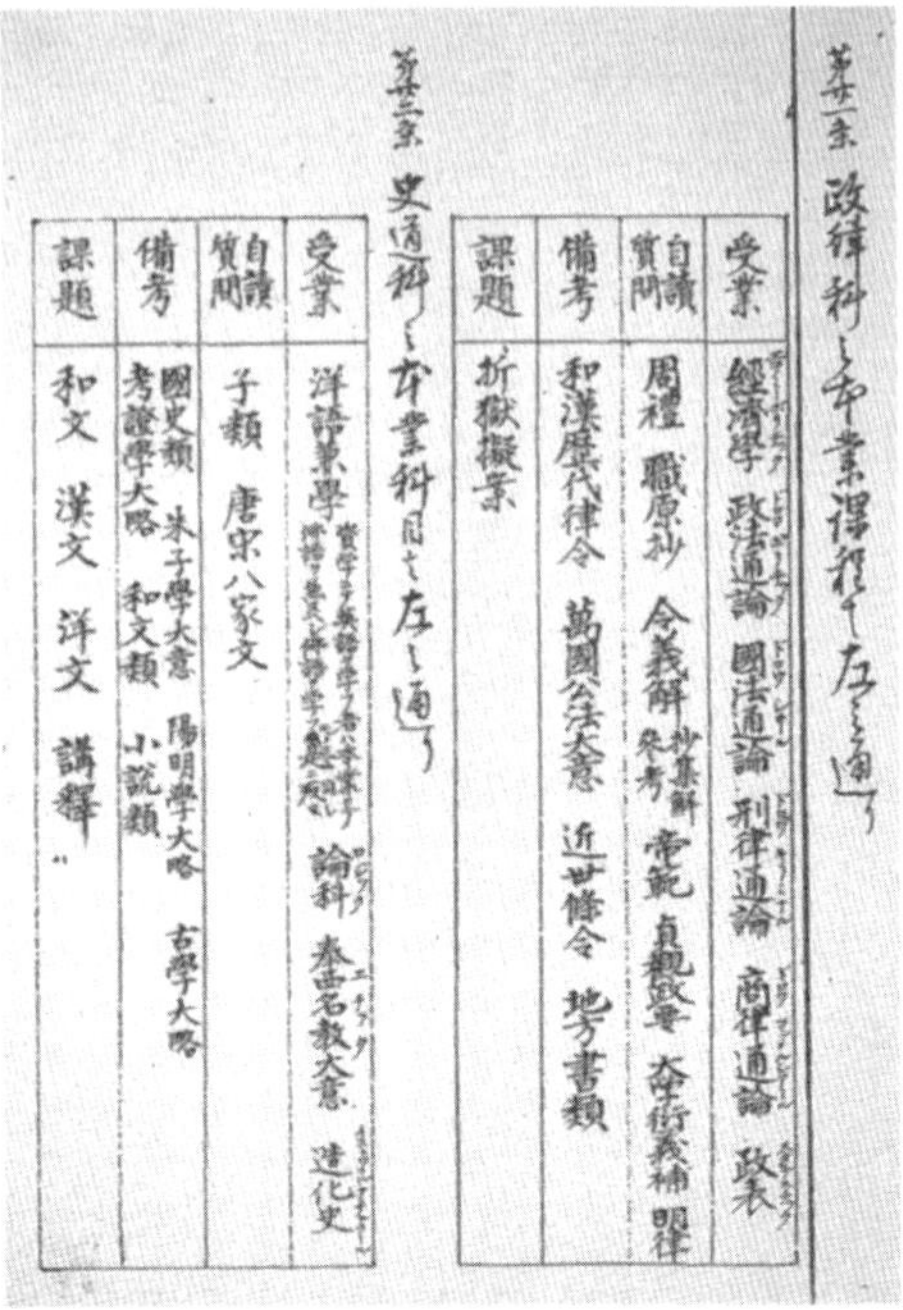

第廿一条　政律科ニ卒業課程ハ左ノ通リ

受業	経済学　政法通論　国法通論　刑律通論　商律通論　政表
自読質問	周礼　職原抄　令義解　抄集解 参考　憲範　貞観政要　大学衍義補　明律
備考	和漢歴代律令　萬國公法大意　近世條令　地方書類
課題	折獄擬案

第廿二条　史道科ニ卒業科目ハ左ノ通リ

受業	洋語兼学　論科　泰西名教大意　造化史
自読質問	子類　唐宋八家文
備考	國史類　朱子學大意　陽明學大意　古學大略　和文類　小説類
課題	和文　漢文　洋文　講釈

図18 「徳川家沼津学校追加掟書」の学科表部分（国立国会図書館蔵）

が実施に移されることはなかった。半年後の二年（一八六九）一〇月には、学校の名称は元の通り「兵学校」とすべしとの達《たっし》が出された。沼津兵学校の総合大学化構想は挫《ざ》折《せっ》したのである。方針転換の背後に何があったのかは謎である。静岡藩には、静岡学問所というもう一つの最高学府があり、西の学友津田真道が校長として在職していた。沼津学校が文武官僚の養成所になった場合、静岡学問所はどのような位置づけとなり、二校がいかなる関係になるのかは不明確であり、それが大きな原因になったのかもしれない。

員外生と徳川家陸軍医学所規則

兵学校において武官のみならず文官も養成したいという西の構想は、ほんの一部だけであるが生き残った。もともと最初の「掟書」には、員外生という制度が盛り込まれており、本業生を目指さない、すなわち陸軍士官を志望しない者に対しても修学が許されていた。具体的には、医師を目指す者と附属小学校の教員になる者がその対象であり、さらに他藩からの留学生も員外生の名義で資業生に採用されたのである。二一八名の資業生の中には、一四名の医科志望者、一四名の小学校教員志望者、六名の他藩留学生が含まれていた。医科や小学教員の志望者は、肉体的に軍人には向かないが学業優秀な者だったのであろう。

図19　沼津病院頭取をつとめた杉田玄端（杉田玄白の孫，沼津市明治史料館蔵）

実は、沼津に設置されていた陸軍医局では、医学所が付置され医学教育を行うことになっていた。明治元年一二月段階で杉田玄端《げんたん》が陸軍附医師頭取に就任、林洞海《はやしどうかい》が陸軍医学所御用重立御取扱を命じられるなど、医学教育の準備が始まっていたようであるが、その細則が整えられたのは二年三月に木版印刷で発行、公布された「徳川家陸軍医学所規則」によってである。兵学校附属小学校の童生、兵学校の資業生のうち、医科を志望する者に対し独自の学習カリキュラムを用意したのである。

ところが、医科志望者は明治三年一一月から翌年一月にかけ静岡病院での医学修業を命じられ、静岡へ赴くことになった。陸軍医局は二年九月には改組して沼津病院と改称するが、病院業務が多忙で手が回らなかったものか、さらには設備の不十分によるものか、医学所のほうは機能しなかったのである。沼津病院の医師には、三浦煥・津田為春・田村英《えい》斎《さい》・小林重賢ら、文久から慶応期に幕府歩兵屯所附の医師をつとめた者が多く（深瀬泰旦「歩兵屯所の医師たち――『医学所御用留』から――」『日本医史学雑誌』第三一巻第三号、一九八五年）、軍医経験者を集めた形跡があるが、杉田や林を除けば、林紀《つな》・坪井信良・戸塚文《ぶん》海《かい》・柏原学而《がくじ》ら一流の国手をそろえた静岡病院のスタッフには見劣りする陣容だった。

静岡病院では、二年五月には医学生のための塾則・講堂日課などを整えたほか（宮地正人『幕末維新風雲通信』一九七八年、東京大学出版会）、藩内の医療・医学を一元的に統轄する方針を打ち出していた。結果、沼津病院も陸軍病院としての位置づけではなくなり、沼津の医学生も静岡病院に委ねられたのだろう。医科を志望した資業生とは、三田《さんだ》信《ただし》・望月二郎・片山直人・滝野盤・加藤寿・塚原靖《しずむ》・志村貞鋭・根岸定静《さだちか》・諏訪《すわ》頼永・中川功・山内定一・永井久太郎・松岡馨《まつおかかおる》・田口卯吉《たぐちうきち》の一四名である。四年五月には塚本明毅が静岡へ赴き医学資業生の静岡病院への引き渡しを行っており（東京大学史料編纂所所蔵「幕臣志村貞廉日記　四」五月一九日条）、この時点で彼らは兵学校の手から完全に離れたようだ。なお、医者の家に生まれたのが判明しているのは永井だけである。彼らの多くは、家代々の仕事としてではなく、個人の意志で医学の道を選択したのであろう。探究心旺盛な田口は、解剖・研究用に刑場から運んできた刑死者の生首を途中の茶店に置き忘れるといったエピソードを静岡での医学生時代に残している。

資業生の中の小学校教員志望者は、中村省三・真野肇・飯野忠一・大島善三郎・生島《いくしま》準・竹村正路・西村正立《まさたつ》・神津道太郎・高橋直重・関巳吉《みきち》・山口信邦《のぶくに》・岡田正《まさし》・倉林五郎・奈佐《なさ》栄らであるが、実際に附属小学校やその分校で教鞭《きょうべん》をとるに至った。漢学を担当した者もいたが、数学の指導者として期待された要素が大きかったようだ。山口のように富士郡に設置された附属小学校の分校厚原小学所の責任者に抜擢された者もいる。彼らの多くが廃藩後も教師の道を歩んでいる。

このような形で「追加掟書」構想はわずかにその痕跡をとどめたのであるが、医学教育が静岡病院に委ねられたこと、小学校教員志望の資業生が沼津とその周辺の小学校への赴任に限られたことは、藩内の文教行政が静岡・沼津に二元化していた現状からして、沼津兵学校を藩内唯一の人材養成所にするという目論見《もくろみ》に無理があったことを示している。

数学の沼津・沼津の数学

沼津兵学校資業生に課せられたのは、書史講論、英仏語の内一科、数学、器械学、図画、乗馬、銃砲打方《うちかた》、操練《そうれん》といった科目であったことが、「掟書」に載せられた学科表からわかる。中でも数学は、軍事技術の基礎として重視された。點竄《てんざん》（代数）・幾何《きか》・実地測量・フロゼクシオンの学といったその内容は、長崎海軍伝習《でんしゅう》所で初めて系統的に学習されるようになった洋算であり、まさに長崎でそれを身に付けた赤松・塚本・伴らが教えたのである。もちろん、海軍以外に陸軍でも洋算は広まっており、砲兵・築造《ちくぞう》（工兵）担当の士官出身教授には数学に長じた者が少なくなかった。

沼津兵学校・同附属小学校での数学教育の成果は、「沼津ノ生徒トイヘハ挙世問ハスシテ数学ニ巧ナル者トナスニ至レリ」（『日本教育史資料　二』）との評判を取るに至った。後年のことになるが、明治一〇年（一八七七）設立の日本最初の数学の学術団体、東京数学会社には多くの沼津兵学校出身者が参加した。発足時の会員一一四名のうち、一七名が沼

図20　中川将行
（沼津市明治史料館蔵）

図21　荒川重平
（沼津市明治史料館蔵）

津兵学校関係者だった。矢田堀鴻《やたぼりこう》・塚本明毅・伴鉄太郎・赤松則良・神保長致・山本淑儀・榎本長裕・永峰秀樹・中川将行《まさゆき》・荒川重平・真野肇・海津三雄・堀江当三・伊藤直温・宮川保全《やすのり》・岡敬孝・古谷弥太郎である。その後の入会者にも、市川芳徹・杉浦岩次郎・平岡道生《どうせい》・大森俊次らがおり、明治前期の数学教育界で大きな勢力を占めた。とりわけ、明治海軍の数学教官になった中川・荒川の二人は、和《わ》算《さん》の封建性を強く批判し、数学の産業技術面への実用性を強調した人物として知られ、訳語・用語の統一や数学書の左起《おこし》横書を主導するなどの功績を残した。東京大学の出身者が学会の主流となるまで、沼津兵学校出身者は数学の世界で大いに働いたのである。

沼津兵学校と化学

数学ばかりでなく他の科目についてもそうであるが、当時実際に資業生が記したノートなどが発見されていないため、授業の実態、学習の内容については詳しいことは不明である。しかし、後年になり出身者が記した履歴書には、沼津で学んだ学科が明記されている。たとえば、第二期資業生石井至凝《みつなり》が明治三〇年代に記した履歴書には、「仏学　英学　画学　物理学　化学　算学　代数　幾何　八線学　三角術　陸地測量術」を沼津兵学校で習得したとされている。「掟書」の規則通りに教えられたことは間違いないのではないだろうか。

「掟書」によれば、万国地理・窮理《きゆうり》・天文・万国史・経済説は英仏語の原書を使って教えられることになっていた。万国史の一部をなすイギリス史については『英国史略』（明治三年）、経済説についてはズバリ『経済説略』（明治二年）が、一等教授方並渡部温《おん》が編纂《へん さん》した専用の教科書として刊行されている。物理学や化学については何をテキストにしたのだろうか。

当初兵学校では桂川甫策《ほさく》が化学方をつとめていたが、同役は後に廃止されたようである。元年一〇月一等教授方に任命された川本清一（清次郎）は、蘭学者川本幸民《こうみん》の子であり、父と同様開成所における化学のエキスパートであった。しかし、川本が実際に沼津に赴任することはなかった。同じく優秀な化学者であった宇都宮三郎も桂川甫策・渡部温らに駿河へ移住することを勧められたが病気のため東京を離れることができなかった。もしも川本や宇都宮が沼津兵学校に着任していれば、もっと化学に力を入れたかもしれない。

その代わり火工《かこう》方という役職は存置され、細々ながらも化学教育は続けられた。火工方柏原淳平は、三年六月沼津城二重櫓《やぐら》に保管してあった器械・火薬が火災のため焼失した際、防火責任者の一人として処分を仰いでおり、多数の備品を管理していたことがわかる。本業生砲兵科には「火工」「各種大砲弾丸の製作并用法」が科目に設定されていたほか、歩兵科でも「諸種小銃之組立弾丸薬包之製造」が教えられることになっていたが、資業生段階でも「鋳丸稽古《ちゆうがん》」という実技が行われた。火薬製造の講義を一通り受けた後、鉛を溶かして型で弾丸を鋳《い》る実地教育が数日にわたったという。

沼津病院には、製煉《せいれん》方として石橋俊勝《としかつ》（八郎）がいたほか、桂川甫策も医師として在職していた。また病院調役《しらべやく》組頭をつとめ製煉方にも就任した小林省三（祐三）は、開成所製煉方出役・鉄砲玉薬下奉行を歴任した化学の専門家であった。桂川・石橋は、共訳で『化学入門』外編・後編（明治二・三年）を出版しているし、頭取杉田玄端も、四年一二月の序文で『化学要論』（明治五年）を翻訳・刊行している。いずれも沼津で化学の研究・

訳述が進められていたことを示す。

沼津に集まっていた化学者たちに刺激を受けたのか、資業生の田口卯吉・島田三郎はともに大学南校へ進学した際には化学を専攻している。もちろん二人とも化学者にはならなかったが。若い教授の中からは、横須賀造船所や陸軍士官学校・幼年学校で教鞭をとった熊谷直孝《なおたか》・山口知重《ともしげ》ら、化学教師が出ている。ただし、数学界とは違い、日本最初の化学の学会、明治一一年（一八七八）創立の東京化学会は東京大学卒業生・在学生のみから結成されており、沼津兵学校出身者が加わる余地はなかった（塚原徳道『明治化学の開拓者』三省堂、一九七八年）。

学校体育の先駆

附属小学校の童生学科表には「体操」があり、その中に剣術・乗馬も含まれたほか、別に水練《すいれん》もあった。附属小学校の体操は、「休日を除くの外日に一小時演習いたし身体の強壮《きょうそう》を養ひ可申《もうすべし》」という位置づけであった。一方、資業生の学科表には体操はなく、「操練」と記されている。しかし、兵学校・小学校ともに体操教授がおり、どちらも体育が行われたことは間違いない。

資業生の操練は、午後の一、二時間にわたったが、首振りや手足の運動、駆け足のほか、木馬・手摺り・竹飛び・棚飛びなどの器具を使った運動も行われた。後には生徒の中から教授に代わって体操を教える者が選ばれたが、教授以上にスパルタ式だったため一般の生徒たちは辟易《へきえき》したらしい。先にも引用した二年四月の手紙の中で資業生大川通久は、「日々体操ニ者《は》閉口罷在《まかりあり》候、草臥《くたぶれ》候」と記している。

体操は西洋軍制の導入とともに幕末に伝えられていたものであるが、沼津兵学校・同附属小学校の体育は、軍隊ではなく学校の基礎的課程に明確に位置づけ取り入れたという点で画期的なものだった。オランダでの体験や見聞をもとに、机上《きじょう》の勉強だけでなく、体力や勇気を養い、文《ぶん》弱《じゃく》に流れるのを防ぐためという、明確な教育方針の上に西が設けたものであった。体操の存在は、洋算・英仏語などと並び、沼津兵学校が当時の教育界において先端であったことを示す。西は、福井藩留学生永見裕《ゆたか》に宛てた二年一〇月一七日付の手紙の中で、暇があったら体操稽古を一覧するように勧めており（『西周全集』第三巻）、他校に

図22　山口知重の沼津兵学校附属小学校体操教授方辞令

はない特長としてアピールしている。

福島惟成・苅谷《かりや》祐之・下逸郎《しもいつろう》らのように、廃藩の後上京、開成学校や工部大学校の体操教師になった者もいる。資業生出身の永井当昌は、明治八年（一八七五）に勤務すること になった東京外国語学校において、国語・数学を教えたほか、体操教員を兼務させられている。沼津出身者はいずれも、明治政府の学校において体育の専門家として重宝《ちょうほう》がられたようだ。

なお、水練は、毎夏土用《どよう》中に沼津の町を流れる狩野《かの》川河口に葦簾《よしず》張りの小屋を建てて行ったが、古式《こしき》泳法によるものであり、近代的な水泳ではなかったようだ。水泳稽古には、専門の世話方・世話方手伝が従事したようであるが、彼らの名前は教授陣の名簿にはなく、臨時の雇用だったのだろう。

学校の風景

教室を撮影した写真や授業のようすを描いた絵が残っているわけでもなく、兵学校の日常風景がどのようなものだったのかは想像するしかない。資業生の一人石橋絢彦《あやひこ》の回想によれば以下のようになる。校舎には沼津城の二の丸御殿があてられたのであるが、生徒たちはかつて沼津藩主水野侯が使用した玄関から出入りした。もちろん中は土足ではなく畳敷であった。控え室にあてられた大部屋には火鉢《ひばち》が二つ置いて

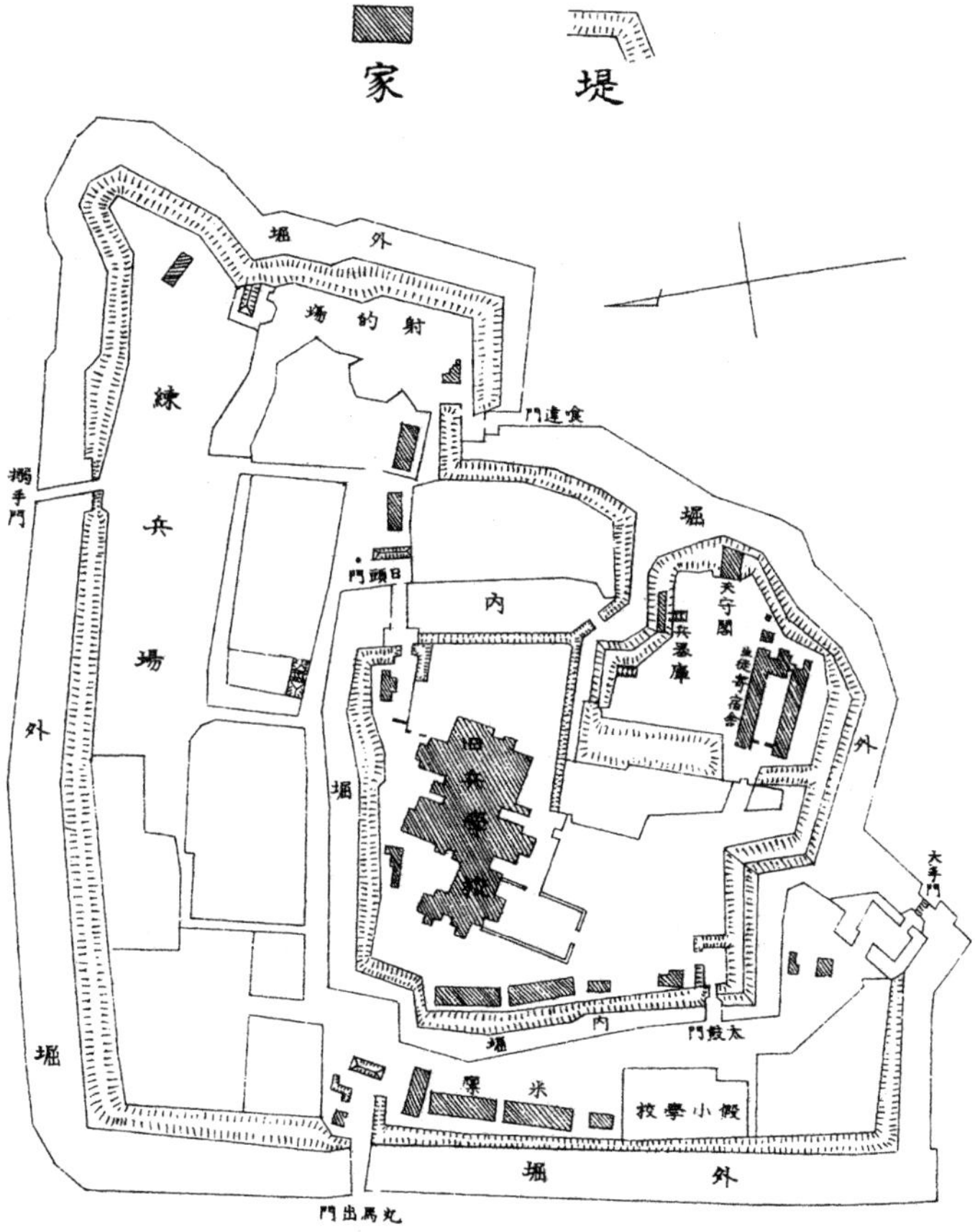

図23　雑誌『同方会誌』に掲載された沼津兵学校平面図

あり、休み時間や昼食時には生徒たちが群集し、喧《やかま》しかった。教室は大小各種あったが、だいたい一〇畳敷以上であり、黒板に向かって机・椅子が並んでいた。椅子は三、四人いっしょに腰掛ける形式のものだった。内部は暗い上、冬は寒く夏は暑かった。

明治四年（一八七一）夏、富士登山の途中沼津に立寄ったイギリス人によれば、古い城の中にある学校には、どの教室にもある大名の紋所《もんどころ》が飾られていたという。また、大きな黒板のある教室では英文法の授業が行われていたが、一二〇名の生徒が順番に声を出して本を読んでいたとのこと（『新編物語藩史』第五巻、新人物往来社、一九七五年）。まさか、水野家の家紋が残っていることはないと思われるので、葵《あおい》の紋が掲げられていたのだろう。一つの教室に一二〇名の生徒が入っていたということは、多すぎるような気がするが、クラス分けはどうなっていたのだろうか。

先述の『幕末百話』の談話者によれば、授業は午前九時から午後三時まで教室での学科があり、三時から六時までは練兵《れんぺい》が行われたという。石橋のほうは、午後二時からが練兵場での体操・訓練だったとする。「掟書」には、「日課は四季昼夜之長短に因《よ》り別に時々の定則を以て相示」すとされており、季節によって変更されたようだ。第二期資業生大川通久は、二年四月二二日付書簡の中で、一〇時から一一時まで数学、一二時まで英書、一時から二時まで教授手伝、三時から五時まで体操という日課であり、「至而多忙《いたつてたぼう》」であると父に報告している。練兵場や射的場は、城内、すなわち外堀の内側にあった。郊外では大砲の発射訓練を行ったようであり、四年（一八七一）五月には愛鷹山麓《あしたかさんろく》の尾上古牧《おのうえこまき》付近の通行を禁止するとの布達《ふたつ》が出されている。

教授・生徒の住宅

沼津は水野藩五万石の小さな城下町だった。城の内外には藩士の屋敷・長屋があったが、もともと沼津藩士の数は五八〇戸ほどであり、三〇〇〇戸といわれる沼津割付《わりつけ》の旧幕臣を収容するには住宅の数が全然足りなかった。沼津宿や最寄の農漁村では寺院・民家に多数の移住者が仮住まいすることとなった。

沼津兵学校の教授・生徒も例外ではない。西周とその家族は、最初は沼津宿三枚橋《さんまいばし》町の名主鈴木与兵衛方隠宅に落ち着き、やがて「十九番小呂屋《ころや》」と番号が付された元水野藩士の邸宅に移った。小呂屋とは、長屋《ながや》ではなく一戸建ての武家屋敷である。城の外堀に面したその屋敷には大築尚志一家が同居したが、大築家はすぐに十七番屋敷に移転した。二等教授方乙骨太郎乙の明細短冊《たんざく》（藩に提出した履歴書）を見ると、宿所は「丸ノ内五番御長屋」と記されているので、郭内に住んだらしい。教授に対しては便利な住宅が優先的に宛《あて》がわれたのであろう。

一戸建ての屋敷に入れた者は恵まれていたといえる。城の西側には添地《そえち》と呼ばれる地域に長屋が立ち並んでおり、多くの人数はその集合住宅に詰め込まれた。それでも城下に住めた者は幸運であり、あぶれた者は周辺の農家に間借りをするしかなかった。三等教授方山内勝明が上香貫《かみかぬき》村西島の六兵衛方（元年一〇月時点）、三等教授方久須美祐利が日吉《ひよし》村、三等教授方黒田久孝が上香貫村西島の農家神部家、第二期資業生石井至凝が西間門《にしまかど》村の地主長倉家（二年時点）、第三期資業生原田信民が西間門村の金剛寺（三年四月時点）、第八期資業生和多田直正が高田村の伝吉方（四年一月時点）といった具合である。

住宅難解消のため、藩では駿東《すんとう》郡の東沢田・岡一色《おかいつしき》・小林・椎路《しいじ》・元長窪、富士郡の万野原《まんのはら》（現富士宮市《ふじのみや》）といった村々に長屋を新たに建設した。沼津に比較的近い東沢田村の長屋に住んだ渡瀬昌邦・寅次郎・庄三郎三兄弟は、兵学校・附属小学校に徒歩通学することができた。しかし、万野原のように沼津城下へは通学できない僻地《へきち》もあった。沼津の陸軍局（軍事掛）管内ですら、そのような実態である。遠州《えんしゅう》など藩内のさらなる遠隔地から生徒を募集するようになると、後述のごとく明治三年寄宿寮が建設されることになる。

受け継いだもの創り出したもの

運ばれた幕府の旧蔵書

静岡藩が幕府から引き継いだ財産は人材だけではない。さまざまな書籍や器械が多数あった。書籍の多くは駿府（静岡）に置かれ、静岡学問所が管理した。幕府の紅葉山文庫《もみじやまぶんこ》にあった文書・書籍は政府に引き渡されたが、駿河《するが》へ運ばれたものも少なくなかった。さらに、明治《めいじ》三年（一八七〇）静岡藩では公用人を通じ政府に対し、藩校生徒の「教導方資料」が払底《ふってい》しているので紅葉山文庫にあった本の一部を下げ渡してほしいと願い出ており（国立公文書館所蔵「妻木多宮筆記」）、後から取り戻した分もあったかもしれない。現在、一〇〇〇冊近い和漢書・洋書が静岡県立中央図書館によって保存されている。

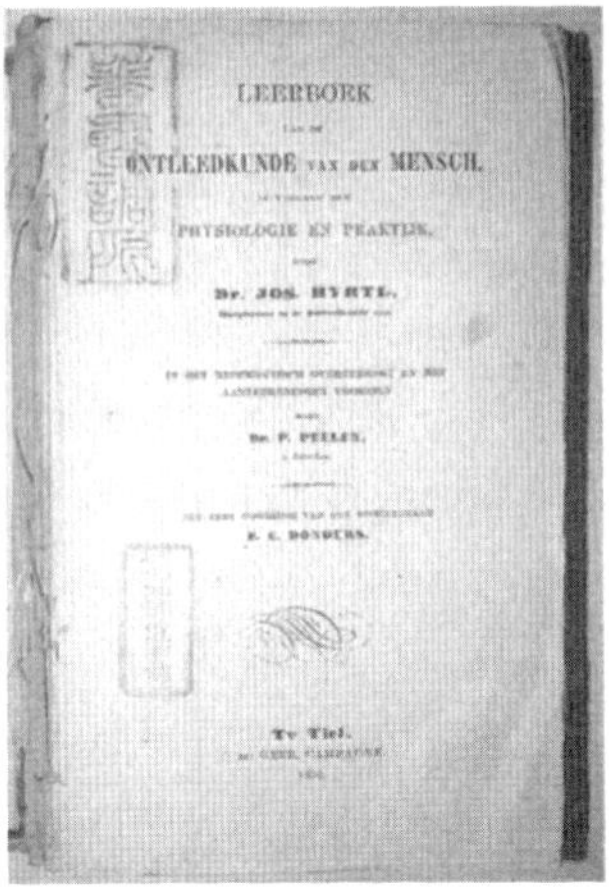

図24　「蕃書調所」「沼津学校」の蔵書印が押された沼津兵学校旧蔵の洋書（沼津市明治史料館蔵）

沼津兵学校にも旧幕府の蔵書《ぞうしょ》の一部が廻されてきていた。「掟書《おきてがき》」では、「文庫」「器械」の管理は頭取《とうどり》の職務とされており、また書籍方という役職も置かれることになっていた。江原素六《えばらそろく》の回顧録によれば、「小さな倉の一つ二つには入れ切れない程」の書籍があったという。『日本教育史資料』には、「和漢洋ノ書大抵全備シ無慮二万巻ニ及ヒ生徒　尽《ことごと》ク校書ヲ借用セリ」と、膨大《ぼうだい》な量の書籍があったと述べている。廃校後の明治五年五月元資業生志村貞鋧に対し、借用されたままになっていた「リードル」五冊、「クヱツケンボス究理書」一冊を至急返却するようにとの通知が静岡県庁沼津出張所から出されているので（「幕臣志村貞廉日記　五」五月一四日条）、生徒への貸し出し用書籍が備え付けられていたことは確かであろう。附属小学校の「掟書」にも「十八史略《じゅうはちしりゃく》以上之書籍は御借渡にも相成」とある。

断片的に残された明治元年のある一ヵ月（八月以降か）の記録では、兵学校では経費が二八二両余かかっており、うち一五二両余が「御書籍類御買上代御入用」、一二一両余が「測量器械御買上代御入用」であった。二年七月の場合、兵学校全経費二〇一両余のうち、四〇両余が「御備御書籍御買上御入用」であった（拙稿「下張から発見された沼津兵学校関係文書」『沼津市博物館紀要』25、二〇〇一年）。書籍や器械は、幕府の旧蔵品を運んだだけでなく、新たに購入されたことがわかる。

こうして集積された本であるが、廃校後多くが陸軍に移管され東京に移ったこと、残されたものも火災で失われたことなどから、静岡に比べ沼津における幕府・静岡藩旧蔵書の残存数は極めて少ない。また、その後に失われたものもあり、たとえば洋書の場合、戦前には二六点あったものが、現在は八点しかない。

沼津兵学校旧蔵書には、「沼津学校」という兵学校の蔵書印のほか、「陸軍所」「蕃書調所《ばんしょ》」「開成所《かいせい》」「昌平坂学問所《しょうへいざか》」「箱館御役所《はこだて》」の蔵書印が押されたものがあったことから、江戸にあった際の所蔵先が判明する。「沼津小学校」、「沼津病院」など、附属小学校や病院の蔵書印が押されたものもある。

沼津兵学校にあった伊能図

江原素六の回想（『急がば廻れ』一九一八年）によると、沼津兵学校が幕府から引き継ぎ、後に新政府に引き渡した備品の中に、伊能忠敬《いのうただたか》によって作成された日本地図があったという。彼の回顧録の要点をまとめれば、①伊能自身の手になる日本全図数十枚があった、②二畳敷位の大きさのものが多数あった、③みな針穴が打たれており経緯度を正確に製作したものであることがわかった、④五畿《ごき》内分のみ欠けていたが、旧幕臣佐々倉桐太郎《きりたろう》が京阪《けいはん》を旅行した際、古道具屋で偶然見つけ、欠本を補うことができた、といったことになる。

旧幕府の遺産を受け継いだ沼津兵学校に伊能図があっても不思議ではない。ただし、数十枚という数字は大図（全二一四枚）としては少なすぎ、中図（全八枚）・小図（全三枚）としては多すぎる。枚数は江原の記憶違いかもしれない。彼の印象に残った針穴は、伊能らが測量原図を地図用紙に重ね、正確な位置を写し取った証拠である。

幕府に献上された伊能図の正本は、維新後紅葉山文庫から太政官《だじょうかん》地誌課に移管されたが、明治六年（一八七三）五月の皇居火災で焼失したという。国内に現存する中図・小図には「陸軍文庫」の印が押されたものがあり、明治陸軍の所蔵品だったことがわかるが、沼津兵学校の蔵書印が押されたものはないようだ。紅葉山文庫に保管されていた正本は、直接新政府に移管されたのではなく、いったん静岡藩が沼津兵学校に移した後、太政官に献納《けんのう》したのであろうか。だとすれば焼失してしまったものがそれなのかもしれない。もはや江原の証言を確認する術はないようだ。

陸地測量部で地図作りに貢献した沼津兵学校資業生《しぎょうせい》出身の陸軍少将早川省義《あきよし》は、工兵を率い箱館脱走軍に参加した前歴を持つ陸地測量部初代部長小菅智淵《こすげともひろ》を追悼《ついとう》する文章の中で、「本邦の測量たる伊能忠敬氏を以て嚆矢《こうし》と為《な》す（中略）伊能氏の統を継ぎ、多年の辛《しん》苦《く》経営に由《よ》りて大に之を興《おこ》し、恵を後世に貽《のこ》せしは、実に国家の為《た》め慶《けい》すへく」云々《うんぬん》と、明治陸軍が伊能の後継者であることを強調した。同じく資業生出身で内務省地理一等中技手になった大川通久は、「我ガ近海ヲ航スル者及ヒ地図ヲ編スル者尽ク皆伊能氏ノ図ニ因ラザルハナシ」（「東河伊能翁小伝」『洋々社談』第六三号、明治一三年）と、大先輩としての伊能を称えた。測量・地図作成に携わる人材を多く輩出した沼津兵学校に伊能図があったとすれば実にシンボリックなことだった。

アラビア馬と愛鷹牧

兵学校頭取は備品の管理も重要な職務としていたが、書籍・器械に加え馬匹もあった。馬は資業生・童生の乗馬の授業に使用されたものである。職員には調馬方《ちょうばかた》・御馬方がおり、生徒を指導した。馬医は病院のほうに所属した。

附属小学校のほうでは裸馬にまたがることだけを習ったが、兵学校資業生になると西洋馬具《ばぐ》を装着しての乗馬が教えられた。雨天・休日のほかは毎日、教室での学科が始まる前、朝六時から八時まで生徒は順番で馬に乗った。沼津城外の西方には馬場があり、厩《うまや》には一四、五頭の馬がいた。中にはナポレオン三世が幕府に贈った「亜刺比亜馬《アラビアうま》」や雄龍と命名された徳川慶喜の乗用だった舶来《はくらい》雑種などもいた。ほかには愛鷹《あしたか》・霞野《かすみの》・軽井沢《かるいざわ》・鼠山などという名前が付けられていた。また、カズノーという名前の馬は、沼津に連れて来られる前はフランス軍事顧問《こもん》団の一人カズヌーフの愛馬だったことに由来するという。

ところで、ナポレオン三世が幕府にアラブ馬二六頭を贈ったのは慶応三年（一八六七）のことである。幕府は下総小金原《しもうさこがねはら》に厩を建設すべく計画したが、瓦解《がかい》によって実現しなかった。馬は駿河へ移されることとなり、沼津在の愛鷹山にあった幕府直轄の牧場、愛鷹牧《あしたかまき》で飼養されることとなった。在来馬と交配し、繁殖《はんしょく》することも意図された。愛鷹牧に移されたアラブ馬の数ははっきりしないが、四、五頭の子どもを産んだとする文献もある。沼津兵学校に調馬方としてつとめた伊藤隼《はやと》（隼一・隼助）は横浜語学所に学んだ元騎兵方であり、アラブ馬のことで顧問団の騎兵中尉デシャルムの通訳をつとめたこともあり、いきさつをよく知っていたはずである。

静岡藩陸軍局では、旧幕時代には地元農民が勢子《せこ》として動員され年一回行われた愛鷹牧の野馬狩《のまがり》（捕馬）を、元年一〇月以降は兵学校教職員・生徒・生育方《せいいくかた》を使って実施し、軍事訓練の代用とした。山野を進退する際の合図には、従来の法螺貝《ほらがい》に代わってラッパが使用されており、いかにも兵学校らしい。また、三年正月からは、捕獲された馬は希望する農民に貸し出され、毎月四度沼津の厩に引いて来るという義務が課せられた以外、平日は農事に利用させるとした。農業振興策であるとともに、軍馬の飼養を民間に委託する制度だったといえよう。

図25　馬上の函館大経
旧姓を小野といい，出身地の地名から箱館（後函館）と改姓した

沼津兵学校御馬方函館大経《ひろつね》の思い出話によれば、藩内には馬に金をかけることを批判する者もおり、厩舎《きゆうしや》の仕事が妨害されたこともあったという（三浦泰之「史料紹介『函館大経氏ノ談話』—河野常吉の聞き取りから—」『北海道開拓記念館調査報告』第40号、二〇〇一年）。扱いに困った静岡藩では、アラブ馬を新政府

に移管しようとしたが断られ、水戸・尾張《おわり》・福井・田安《たやす》等の諸家へ譲り渡したという。しかし、沼津兵学校の廃止にあたり、明治五年（一八七二）四月、残っていた二頭のアラブ馬が東京に曳《ひ》いて行かれ、大蔵省勧農局に引き渡されたという公式の記録が残っているので、全頭を諸藩に譲渡したわけではなさそうだ。

ちなみに函館大経（小野義三郎・箱館義三郎）は、フランス軍事顧問団の一人、騎兵下士官ペルセルに洋式馬術を学んだ人で、後に競馬騎手となり、明治三大馬術家の一人と称されることになる名人だった。

沼津版と活版印刷機

書籍に関して言えば、新たに生み出されたものもあった。沼津兵学校が教科書として沼津で刊行した本であり、出版史上「沼津版」と呼ばれる。「沼津版」には、大きく分けて二種類がある。「沼津学校」刊行のものと、渡部温《おん》刊行（無尽蔵《むじんぞう》版）のものである。前者は、『筆算訓蒙《ひっさんくんもう》』（明治二年刊）、『野戦要務《やせんようむ》』（同年刊）、『兵学程式』（三年刊）、『仏蘭西《フランス》歩兵程式』（同年刊）、『智環啓蒙《ちかんけいもう》』（同年刊）、『法朗西《フランス》単語篇』（同年刊）、後者は、『経済説略』（明治二年刊）、『英国史略』（三年刊）、『英吉利《イギリス》会話篇』（四年刊）、『西洋蒙求《もうぎゅう》』（同年刊）、『英文伊蘇普《イソップ》物語』（五年刊）である。

また、沼津小学校（兵学校附属小学校）の教科書として刊行されたものに、『大統歌』、

『三字経』、『孝経』、『逸史題辞』（いずれも刊行年不明）の四種があるほか、書籍以外の刷物まで含めれば沼津病院が発行した一枚物や、小学校が発行したと思われる題名不明の文例集、さらには「掟書」「規則」なども含まれることになる。

「沼津版」が出版史において注目される理由には、幕府の出版事業を引き継いだという側面と英仏語や数学教育をリードする書籍が地方で新たに刊行されたという側面とがある。

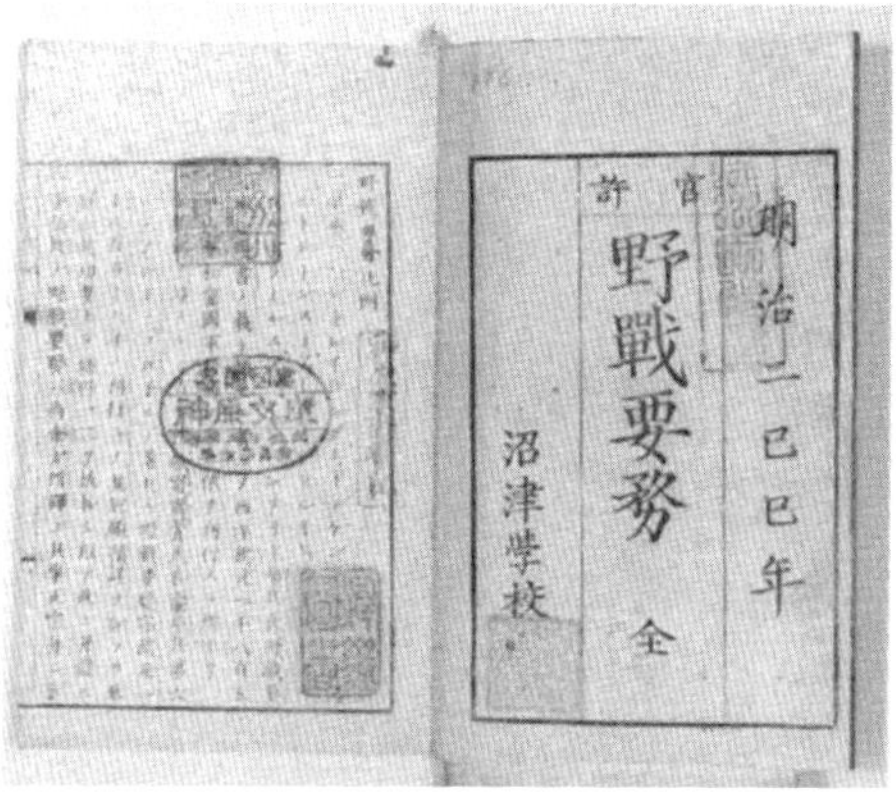

図26　沼津兵学校刊行『野戦要務』
大鳥圭介の訳書であるが，彼の名は削られている
（香川大学附属図書館蔵）

幕府時代の継承としての側面は、『野戦要務』が慶応元年（一八六五）陸軍所刊の、『兵学程式』・『仏蘭西歩兵程式』が慶応三年（一八六七）陸軍所刊の、『英吉利会話篇』・『西洋蒙求』が慶応三年刊の再版だったという点である。『野戦要務』と『仏蘭西歩兵程式』はかつて大鳥圭介《おおとりけいすけ》の訳で出版されたものであるが、沼津版では大鳥の名前は削《けず》られている。渡部は、開成所時代に編集・出版した本を兵学校の英語テキストとして再利用すべく沼津

図27　お札と切手の博物館に展示されているスタンホープ印刷機（重要文化財，国立印刷局蔵）

で復刻したのである。

アルファベットの活字で印刷された『法朗西単語篇』と渡部刊の五種は、オランダから幕府に献上されたスタンホープ印刷機が沼津に運ばれ、それで印刷されたとされる。この活版印刷機は、開成所で使用されたもので、榊綽《さかきゆたか》（令輔《れいすけ》・令二）が専門家として操作法を身に付けていた。榊は、明治元年一一月時点では、「活字道具」ともども駿府《すんぷ》に移っており、静岡学問所教授に就任していたが、すぐに沼津兵学校図画方に転じているので、印刷機も彼とともに移動したと推測される。

洋算教科書の傑作『筆算訓蒙』

数学史家小倉金之助から、「たんなる西洋からの直訳的でないところの、日本的なる風格を維持している」「人もし明治維新を記念すべき名教科書を求めるなら、私はまず第一にこの書を推したい」（『数学教育史』岩波書店、一九七三年改版）とまで絶賛されたのが塚本明毅編『筆算訓蒙』である。これは兵学校附属小学校の童生用に編纂された教科書であるが、

沼津より蒲原《かんばら》まで七里《り》十三町《ちょう》三十間《けん》なり、今これを間数になす時は幾何《いくばく》なるや

東京より駿府まで四十四里二十九町三十間なり、今是を悉《ことごと》く尺《しゃく》数になす時は如何

などといった例題が載っている。他にも、軍艦・大砲・兵員数の足し算、京都・パリの時差換算、アメリカ初代大統領ワシントンの年齢逆算問題など、身近な事例とともに世界にも視野を広げた問題の作り方は、いかにも文明開化《ぶんめいかいか》を象徴するものであり、時代を反映した塚本の優れた啓蒙家としての能力が示されていた。長崎海軍伝習所で摂取された洋算は、沼津兵学校に至り見事に消化されたといえる。

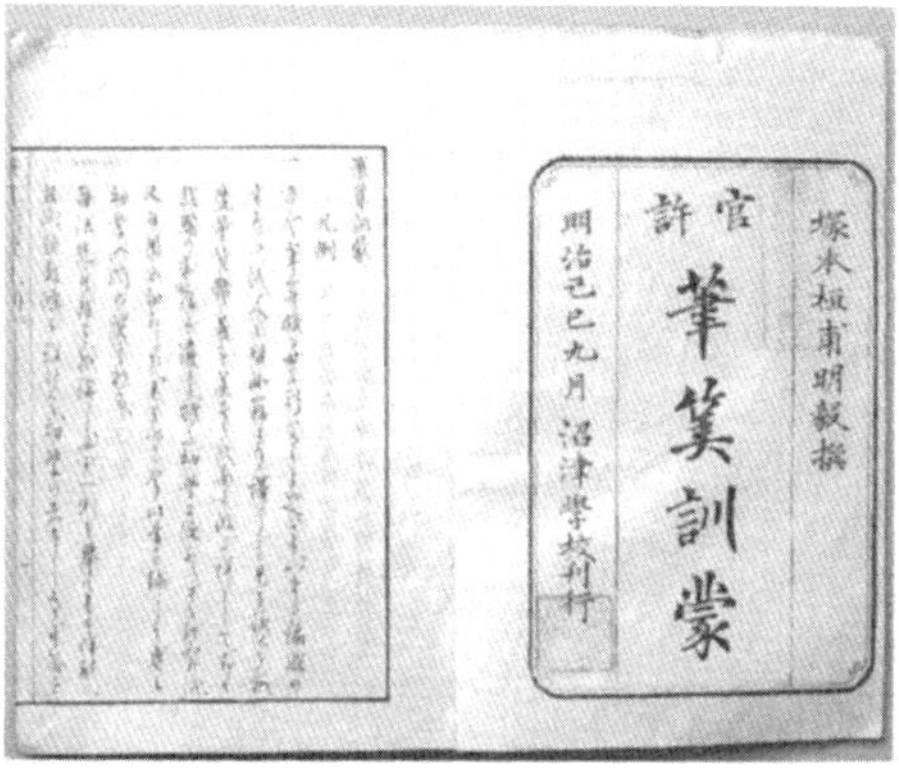

図28　沼津兵学校刊行『筆算訓蒙』（沼津市明治史料館蔵）

明治八年（一八七五）二月、『筆算訓蒙解』という本が刊行された。真野肇《まのはじめ》・岡《おか》敬孝・中川将行《なかがわまさゆき》という沼津兵学校資業生出身の三名が連名で編集・出版人となり、東京の書肆《しょし》から出版したものである。その序文には、「洋算階梯《かいてい》ノ書現今世ニ刊布スル者殆《ほと》ント汗牛充棟《かんぎゅうじゅうとう》ト云《い》フヘシ然シテ予輩観ル所ハ独リ塚本明毅《あきかた》先生編スル筆算訓蒙ヲ以

テ最《もつとも》第一トス回憶ス明治己巳年先生沼津ノ督学タルノ日欹劂《きけつ》始竣時ニ予輩亦《また》校中ニ在リ幸ニ其教ヲ辱フスルヲ以テ常ニ此書ヲ机右ニ備ヘ以テ拱璧《きようへき》トス」とあり、沼津時代に愛用した恩師塚本編『筆算訓蒙』の解説書として本書を編纂《へんさん》するに至った由来を述べている。廃藩後も続いた『筆算訓蒙』の普及度の高さとともに、その価値について兵学校出身者が最もよく理解していたことがわかる。

錯綜する伝統と近代

兵学校の生徒となるには、「其《その》父より徳川家御家臣《かしん》之列」にあることが第一の条件とされた。資業生《しぎょうせい》は、福井藩からの員外生を除いては全員が旧幕臣《ばくしん》、すなわち静岡藩士とその子弟《してい》である。ただし、員外生として第四期に名がある佐竹万三《さたけまんぞう》、同じく第五期の清野《きよの》勉《つとむ》は違う。佐竹は権《ごん》大参事・軍事掛服部常純の家臣だったというので、徳川家にとっては陪臣《ばいしん》にあたる。彼が資業生に採用された理由は不明である。清野は、地元医師の子であり、庶民出身者といえるが、父親清野一学《いちがく》が沼津病院の医師に採用されており、藩士とみなされたからかもしれない。

庶民への開放

一方、附属小学校のほうは庶民に対し完全に門戸《もんこ》が開放されていた。「掟書《おきてがき》」第一条に

「最寄在方町方有志之者は通稽古《かよいげいこ》御免相成候事」と明記されている。生徒数は五〇〇名を越えたと思われるが、その内百姓・町人の子弟は「寥々晨星《りょうりょうしんせい》の如く」であったという。明け方の空にわずかに見える星のように少なかったということである。いくら規則でうたっても、士族《しぞく》の子弟ばかりが集まる学校は庶民にとっては敷居《しきい》が高かったのであろう。士族の生徒は平民の生徒を呼び捨てにしていたという。

兵学校といっしょに設立された沼津病院では、資業生からの医科志望者のみならず、地元医師の技術向上のため町方・村方から医学生を受け入れた。希望者については医師としても採用しており、実際に駿東《すんとう》郡・田方《たがた》郡の町村医数名が三等医師並になっている。また、藩士だけでなく庶民に対しても広く診療を行った。地域への貢献《こうけん》度が高かった反面、二年八月病院建設にあたっては地元庶民からも寄付を仰いでおり、民間へ依存しようとする一面も持っていた。それだけ医療は地域との密接な関係をつくり出したのである。明治三年（一八七〇）七月掛川《かけがわ》小病院に転任することになった沼津病院二等医師三浦煥（文卿）に対しては、隣接する伊豆《いず》国の村々から引き止めの請願《せいがん》が出されており、領外の民衆にまで頼りにされていたことがわかる。

兵学校附属小学校生徒、沼津病院医学生の平民出身者のうち、判明している人物三〇名足らずについてみてみると、いずれも沼津宿・駿東郡をはじめ、富士郡・田方郡・君沢《くんたく》郡といった駿河《するが》・伊豆の豪農商・医師たちである。好運な一部の庶民層が恩恵を受けたといえるが、二次的な影響も考慮すれば、さらに下層の民衆にも余香《よこう》が及んだと考えることができる。商家の奉公人として沼津で少年時代を送っていた角田真平《かくだしんぺい》（竹冷《ちくれい》）は、兵学校の存在に刺激され、志を立てたが学資に乏しく入学はできなかった（大久保利夫『衆議院議員候補者列伝　一名帝国名士叢伝』一八九〇年）。しかし洋書を独習し、やがて上京、代言人《だいげんにん》（弁護士）の資格を取り、民権運動に加わり、衆議院議員となる。新時代の士族エリート集団と地域の民衆世界とは決して無縁ではなかった。

附属小学校の女子教育

兵学校附属小学校は女子の入学も許可するようになった。時期は明確ではないが、明治三年以降のことである。剣術道場に使用されていた瓦葺平《かわらぶきひら》屋《や》の別棟が教室にあてられたといい、男子とは建物自体別であった。兵学校三等教授方永持《ながもち》明徳の義妹春《はる》は、明治二年当時八歳で、男子生徒の真野文二《まのぶんじ》らといっしょに英語や算術を勉強したと後年回想しているが、それが同じ教室でのことだったとすれば附属小学校ではないことになる。私塾のことを言っているのだろうか。開明《かいめい》的な考え方の持ち主が少なくなかったであろう兵学校教授らは子女を真っ先に入学させたと思われる。

しかし、沼津病院製煉《せいれん》方小林省三（祐三）の娘小林まさの履歴には、明治三年一四歳のとき乙骨太郎乙《おつこつたろうおつ》に英学を学んだとあるが、附属小学校に入ったとは記されていない。沼津病院医師永井玄栄《ながいげんえい》の養女で、資業生永井久太郎《きゅうたろう》の義妹にあたる永井繁子は、「習字と漢字だけを教える寺子屋《てらこや》」に通ったと回想録に記しており（生田澄江『舞踏への勧誘』文芸社、二〇〇三年）、附属小学校では学んでいない。ちなみに彼女は、益田孝《ますだたかし》の実妹であり、明治五年（一八七二）には山川捨松《すてまつ》・津田梅子《つだうめこ》らと最初の女子留学生に選ばれる。いずれにせよ、残念ながら兵学校附属小学校の女子生徒については具体的な氏名が一人も判明していない。

そもそも「陸軍解兵御仕方書」には、「土着相成候上者《は》婦人女子之分も是迄の譬風《ひふう》を一洗いたし、自分蚕桑《ようさん》又者《または》織職糸取等相学ひ一家之活計を相助け候様為心掛可申事《こころがけさせもうすべきこと》」とあり、女子の就業・教育が考慮されていた。実際に養蚕・機織といった実業分野と読書・算術・裁縫など、士族の女子教育が開始されるのは、廃藩後、沢田《さわだ》学校所（兵学校附属小学校の分校）に明治五年五月付設された女学所によってである。担当の女教師には同校教授方山田大夢の妻が就任している。

兵学校附属小学校に倣《なら》って設立されていった各地の静岡藩立の小学校でも女子の入学が

認められることになった。極めて限定された形であり、実態も不明ではあるが、男女共学は先進的な試みであった。沼津兵学校附属小学校は、教育史的観点からすれば、庶民への開放、洋算・地理・体操といった普通学の基礎となる新しい教科の採用、クラス別による一斉授業方式、兵学校という上級学校への進級制度といった諸点から、近代的な小学校の嚆矢と位置づけられるが、女子への開放もその根拠のひとつとなっている。

私塾の叢生と統制

沼津兵学校や静岡学問所の設置、ひいては旧幕臣の駿河移住そのものが、藩内で無数の私塾を誕生させることにつながった。藩校の教授はもちろん、それ以外でも学問の素養のある藩士が自宅で門人を指導したりすることが多く見られたのである。教わる側としては移住地での厳しい新生活の中でも子弟には教育を与えたいという願望があったし、教える側としては生活の糧《かて》を得るための手段でもあった。学問所や兵学校の教授たちにとっては、江戸で開いていた洋学塾・漢学塾の延長でもあったろう。

敷居が高かった兵学校附属小学校・静岡藩小学校に対し、小規模で家庭的な雰囲気の私塾は庶民にとっても近づきやすかったに違いない。静岡藩内の私塾には、地元の百姓・町人や他藩から来た留学生も多数集まった。沼津兵学校とその周辺で具体例をあげれば、まずは西周《にしあまね》の私塾である。彼は兵学校の頭取をつとめるかたわら、自宅で門人《もんじん》を教えた。福井藩の留学生はまずは西塾で学び、その中から資業生に及第する者が出ている。他にも赤松則良《のりよし》・伴《ばん》鉄太郎・渡部温《おん》・乙骨太郎乙・中根《なかね》淑《きよし》（香亭《こうてい》）らは、沼津で私塾を開いたことが明らかである。田口卯吉《たぐちうきち》は乙骨家に住み込みながら勉強し、さらに中根塾でも学び、やがて資業生に及第した。資業生を目指す者にとっては受験勉強、資業生になった者には学校での補習を指導されたということになろう。

そもそも「附属小学校掟書」の第三一条には、「授業之暇宅稽古《たくげいこ》致候儀不苦《くるしからず》候事」とあり、出勤時以外に自宅で教授することは認められていた。「但《ただ》し五人迄《まで》に限り候事」ともあり、塾生は五名までと制限されていたが、教授のサイドビジネスが公認されていたのである。しかし、明治二年三月沼津兵学校は、①兵学校教授の宅稽古は三名までとする、②附属小学校教授の宅稽古は五名までとする、③内職として素読《そどく》・手習《てならい》・算術等を教えたい生育方頭取《せいいくかたとうどり》支配（無役《むやく》）の者は、小学校で免許を受けた後、毎月生徒数・氏名等を報告すること、④剣術については私的に門弟《もんてい》を取り立てることは禁止する、という布達《ふたつ》を出し、私塾に対する統制を強めた。ちなみに、附属小学校の剣術教授方小野田東市《おのだとういち》は新選組《しんせんぐみ》と同じ天然理心流《てんねんりしん》の使い手であったが、学校での指導は流派にこだわることなく、あくまで剣術一般として教えたものと推測される。その上さらに、個人的な門人取り立ても止められたのである。

「追加掟書」を構想し、藩官僚の一元的養成を目指していた西周《にしあまね》にとって、私塾での教育が無統制に行われていることは望ましくなかった。明治三年一〇月には、東京・横浜等で私塾を開業したり、修学している静岡藩籍の者に対して、静岡で学問吟味《ぎんみ》を実施するという全藩的な布達が出された。藩校が教育に関するすべての権限を掌握《しょうあく》する方向に向かっていたといえる。維新によって解放された各人の多様な教育熱から生まれた私塾であるが、一方ではそれをコントロールすることが近代化であるとも考えたのである。

静岡学問所との比較

ここで、沼津兵学校の姉妹校ともいうべき静岡学問所について、近代性を比較する意味から取り上げてみたい。

静岡学問所は、沼津兵学校よりも一足早く明治元年（一八六八）一〇月に開校した。校舎は駿府《すんぷ》城四ツ足門内の元定番屋敷。府中《ふちゅう》学問所・静岡学校などとも称された。藩の組織上、軍事掛の管下にあった沼津兵学校とは違い、学校掛に属した。少参事・学校掛として管理部門の責任者、つまり事実上の校長となったのが、津田真道《つだまみち》・向山黄村《むこうやまこうそん》・河田熙《かわだひろむ》である。

明治三年の「静岡御役人附」には、一等教授三名、二等教授三名、三等教授一〇名、四等教授一二名、五等教授一五名、世話心得二一名、素読教授手伝九名が教授陣として名を連ねている。合計七三名のうち、漢学担当が四一名、英学担当が七名、仏学担当が八名、独乙《ドイツ》学担当が一名、蘭《らん》学担当が二名、和学担当が一名、無記載一三名という内訳である。当時まだ珍しかったドイツ語コースが置かれている点はいかにも開成《かいせい》所の系譜を引く学校らしい。しかし、漢学の比重が高いことは明らかだ。生徒から五等教授となった大森鐘《しょう》一《いち》は、「開成所と横浜の語学校と昌平黌《しょうへいこう》の漢学の学校と三つを合併した様《よう》なもの」だったと回顧しているが、漢学者の多さは昌平黌の遺伝子の濃さを示しているといえよう。個々の人物を見れば中村正直《まさなお》や外山正一《とやままさかず》を筆頭《ひっとう》に一流の洋学者がそろっていたが、総体では混成部隊であった。

廃藩後、明治五年（一八七二）一月のものと思われる勝海舟《かつかいしゅう》宛書簡の中で中村は、研究に怠《おこた》りない洋学者と比較し、怠るばかりの漢学者は自然に衰えていく趨勢《すうせい》にあるので、「彼の老輩等」を無理に押さえつけなくともよいであろうといった趣旨を述べており（『勝海舟全集』別巻2、勁草書房、一九八二年）、学問所内で漢学派対洋学派の葛藤《かっとう》があったことがうかがえる。洋学者西周が全権を掌握《しょうあく》した兵学校との大きな違いである。

能力によって教授を一等から五等以下までのランクに分けた点は沼津の場合と同様であるが、国学《こくがく》（和学）・漢学・洋学（英仏蘭独）という国別の編成は、教科内容によるカリキュラムを採用した兵学校に比べると遅れたものだった。そもそも「掟書」のような詳細な学校規則が制定されていない点も大きな違いである。兵学校附属小学校に相当するものとして学問所には幼年組があり、後には小学所となり、明治三年正月発布の「静岡藩小学校掟書」が適用され、小学所→学問所という進学ルートが制度化された。しかしそれも先行する附属小学校→兵学校というしくみをモデルにしたものであった。

大森の回想では、教室は畳の上に座り、寺子屋《てらこや》式の机だったというので、黒板・チョーク・高机・椅子といった設備・備品を揃えていた兵学校よりも劣っていたといえる。『四書白文』『小学白文』といった漢学の書籍はわずかに刊行しているが、洋学関係の教科書は一切刊行していないという点も同様である。

とはいえ、学問所の教科書ではないものの、この時代に中村正直が訳し刊行した『西国《さいごく》立志編《りっしへん》』が、後々全国の青少年に大きな影響を与えたことは、この学校の存在意義を高めるには十分な事実である。また、廃藩後のことになり、遅きに失した感があるが、お雇《やと》い教師として招かれたアメリカ人エドワード・ウォーレン・クラークによって本場の科学教育が実施されたことは、沼津では実現できなかった点である。明治三年田村初太郎《はつたろう》・曽谷《そや》言成、四年名倉《なぐら》納・長田銈太郎《おさだけいたろう》といった具合に教授の中から英米に留学・視察に赴《おもむ》いた者がいる点も兵学校ではなかったことである。藩庁所在地の利点だったかもしれない。

静岡学問所は、教授の陣容《じんよう》・生徒の数や書籍の多さなどでは沼津兵学校にひけを取ることはなかったが、教育の制度や内容面においては兵学校の先進性に一歩及ばなかった。沼津の西に匹敵する指導者たるべき津田真道が徴命によって早く静岡を去ったことは、打撃だったかもしれない。結果、静岡・沼津の二校体制は不統一でちぐはぐなものとなり、静岡藩の教育政策が全面的な成功を納めたとは言いがたいのである。

寄宿寮と優等生の囲い込み

静岡学問所と沼津兵学校は、藩内各所の小学校を管轄《かんかつ》したが、その境界は富士川とされ、西は静岡、東は沼津だった。しかし、生徒の募集にあたっての区域はなく、明治三年以降沼津兵学校では富士川以西からも生徒を集めている。明治二年九月の生育方廃止と沼津勤番《きんばん》組への改組は、それまで陸軍局員に限定されてきた兵学校への門戸を広く一般藩士へ開放することをも意味した。つまり、旧陸軍関係者とそれ以外の者との区別がなくなったため、兵学校の入学対象者も沼津周辺移住者以外に広がったのである。沼津城本丸跡に建設され、明治三年（一八七〇）二月に開寮した寄宿寮は、自宅から通学できない遠隔地に移住した生徒を収容するためのものだった。

明治五年（一八七二）三月、第九期資業生に合格した木村才蔵《さいぞう》は浜松に移住していたが、沼津兵学校への入学のいきさつを以下のように回想している（「木村才蔵履歴ノ概略」）。

> 徳川氏盛ンニ沼津ニ兵学校ヲ開設シ旧業回復目的ヲ以テ勇為ノ子弟ヲ召募スルニ会ス、予身ヲ投スル機会ト断決シ試験ヲ受ク、素《もと》ヨリ合格期スル限リニ非《あ》ラス、然《さ》レトモ儀式的ノ検査ヲ経タル后《の》チ試験官ニ談シテ頼ム、（中略）試験官渡辺（ママ）温氏ニ沼津修業中衣服小遣ヒノ世話マテモ頼ンタルニ先生快ク承諾、（中略）約六ケ月ノ后《のち》大試験ヲ受ク

木村は、浜松に生徒募集のため出張してきた教授渡部温《おん》から予備検査を受けた後、沼津へ移り、そこで六ヵ月勉強したすえ、「大試験」（第一試のこと）を受け資業生に合格したのである。合格までの六ヵ月間は附属小学校で学んだということであろう。

静岡藩内には、沼津・静岡以下、一六ヵ所に藩立小学校が開かれていた。その統一的な規則として、「徳川家兵学校附属小学校掟書」を加筆・修正し、新たに制定されたのが、明治三年正月に発布《はっぷ》された「静岡藩小学校掟書」である。この新規則により、藩内各地の

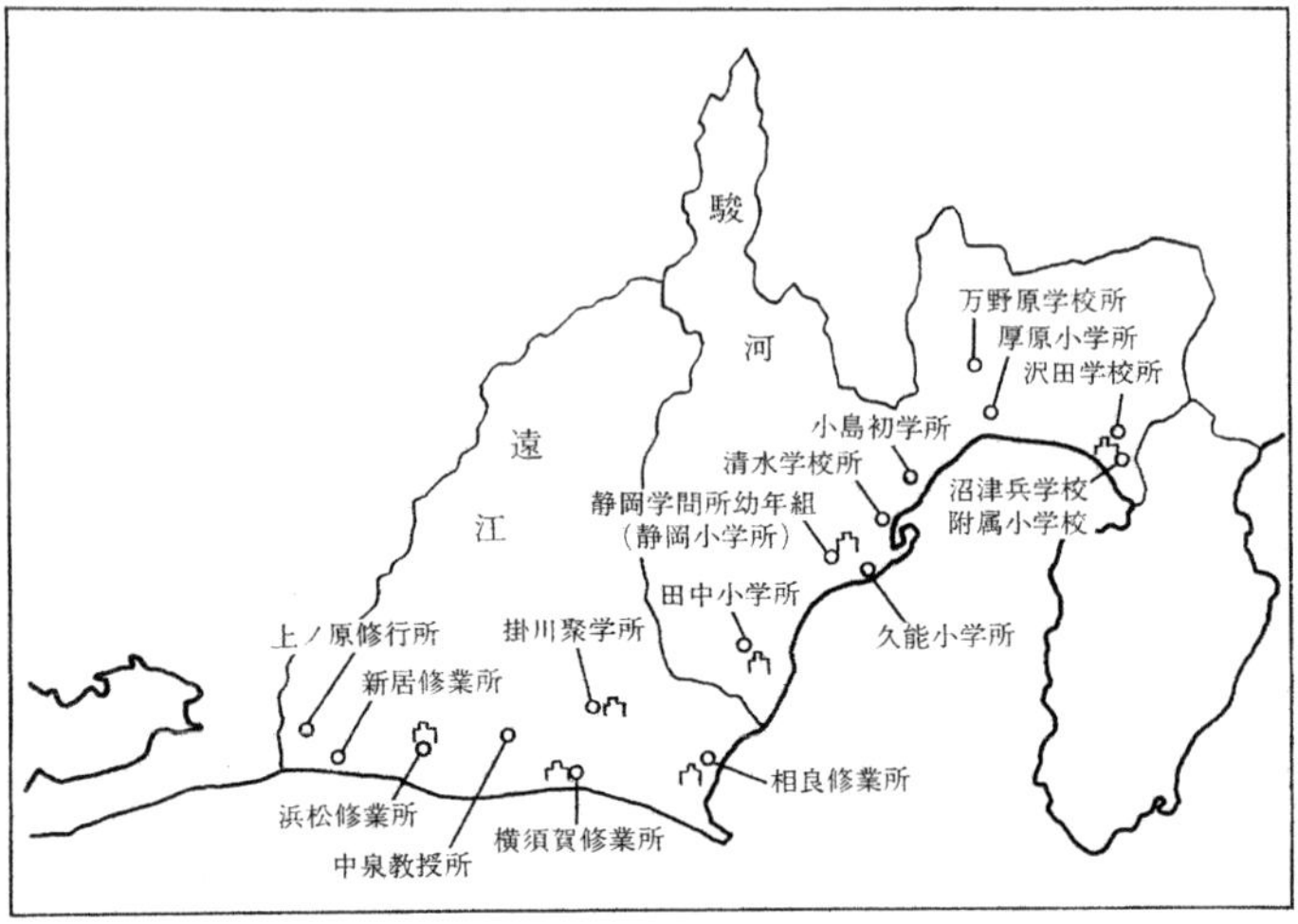

図29　静岡藩小学校の所在地

小学校は、静岡学問所・沼津兵学校という二つの上級学校への進学ルートを確保したわけであるが、実際には静岡・沼津の二小学校とそれ以外の各地の小学校とでは、教師の陣容《じんよう》や教育レベルに格差があった。つまり、規則上はどの小学校からも兵学校へ進学できることになっていたが、実際には木村才蔵がそうしたように、まず沼津の小学校へ転入し、そこで十分な勉強をした後、兵学校資業生の試験を受けたらしい。兵学校では、小学生のうちに優秀な人材を確保するため、教授たちを各地へ派遣し、予備試験を行い、見込みのある少年たちを沼津へ連れ帰ったわけである。静岡学問所にも寄宿寮はあったが、逆の事例、すなわち静岡学問所が富士川以東で生徒募集を行った事実は確認できない。

なお、沼津兵学校の寄宿寮は、南寮・北寮の二棟に分かれ、各一〇室から成っていた。部屋は八畳敷で、押入・戸棚・板の間があった。建物内には、生徒監督の部屋、賄所《まかないじょ》、風呂場、便所も設けられていた。すでに資業生になった者でも、空室がある場合は寄宿寮に住むことを許された。島田三郎《しまださぶろう》は寄宿寮に入った資業生の一人であり、望月二郎《もちづきじろう》・石橋絢彦《あやひこ》と同室になり、年長の望月が「宿長」だった。腕白《わんぱく》だった島田は部屋を散らかしていたが、後年田口卯吉の女房役として経済雑誌社を裏方で支えた望月は、几帳面《きちょうめん》な性格から掃除や整理整頓《せいとん》がいつも行き届いていたという(『東京経済雑誌』第一〇九四号)。

文明開化の先端

これまで制度面や内容面での沼津兵学校の近代性について言及してきた。今度は、学校そのものに限らず周辺のさまざまな場面を含め、世相・風俗などの上でも同校が開化の先端にあったことを示してみよう。

まずはファッションについて。西周の回想によれば、彼は沼津移住時にはすでに髷《まげ》を切っていたが、保守派の反発を恐れ仮髷を載せていた。やがて隠す心配はなくなり、他の教授たちにも散髪《さんぱつ》が広まっていったという。実際、明治三年六月一六日付で兵学校附属小学校教授方永井直方《ながいなおかた》の撫付髪《なでつけがみ》の届書が記録されているなど、兵学校周辺での断髪《だんぱつ》の普及がう

図30 『ファー・イースト』紙に掲載された沼津兵学校の生徒たち（長崎大学附属図書館蔵）

図31　沼津兵学校資業生永井当昌のちょんまげ
断髪した際に記念として残したらしい．切ったのは，幕府陸軍時代か沼津兵学校時代のどちらかであろう

かがえる。先に紹介した『ファー・イースト』紙に掲載されたイギリス人の見聞記には、沼津兵学校生徒八名の集合写真が添付されているが、全員が散髪であり、帯刀《たいとう》もしていない。もちろん中には、島田三郎のように最後まで丁髷《ちょんまげ》頭を貫いた頑固《がんこ》者もいたようだ。

附属小学校生徒出身者の回想録には、「中合せた様に生徒の服装は洋服に、大小を差す事であつたが、教官連は朱鞘に細身の刀のみを差して、ハイカラを気取つたものだ。追々生徒も之に倣《なら》ふて、刀ばかり差す事になつた」とある。また、資業生には「出精につき沓《くつ》（靴）一足」が下賜《かし》されたといい（明治三年大川《おおかわ》通久の例）、褒美《ほうび》の品にも新しさが見られた。原史料からは確認できないことであるが、少参事・軍事掛として兵学校の管理を担当した江原素六《えばらそろく》の伝記によれば、兵学校用の革靴製造を計画し、横浜のオランダ人職人レマルシヤンのもとへ藩士五名を派遣して技術を学ばせたという。

食生活の面でも、兵学校関係者は先端を行っていた。藤沢次謙《つぐよし》・塚本明毅《あきかた》・万年千秋《まんねんちあき》ら軍事掛幹部や兵学校教授らは、グループで牛肉を共同購入し、ビーフステーキに舌鼓《したつづみ》を打ったという。「牛之価《うしのあたい》低キニ御座候、一頭凡《およそ》七八コバンに過キス、当地之諸子社ヲ結ヒ毎週一頭ヲ屠リテ分配仕候事に相成、塚本万年なと其世話人タリ、ビーフステーキの喰ヒ飽《ほふ》が出来中候」と記した藤沢の書簡（二年一二月一五日付）からわかる事実である。ヨーロッパの食生活に慣れていた赤松則良は、牧畜《ぼくちく》に関する書籍を持参し、仲間にその話をしたらしい。江原は赤松の牧畜談に「すっかりかぶれてしまって（中略）学校の金を流用して牛屋を始めた、うまくゆきそうだったが朝廷からのお叱りで中止した」（結城礼一郎

『旧幕新撰組の結城無二三』中央公論社、一九七六年）という。また、江原は沼津の博徒《ばくと》に学校用の肉や牛乳を賄わせるべく、牛豚の屠殺を営業させたともいう。ただし、右に述べた江原に関する二つの逸話には史料的な確証はなく、兵学校時代ではなく廃藩後のことかもしれない。

明治二年正月一日から沼津城の櫓《やぐら》では太鼓《たいこ》を打ち鳴らし、西洋時刻法による時報を行った。また、兵学校は「掟書」によって毎週日曜日が休日とされ、学科の予定表も曜日ごとに立てられたようだ。「陸軍医学所規則」には曜日ごとの科目が明記されている。すでに長崎海軍伝習《でんしゅう》所や横浜語学所での前例もあるが、やはり新しい面であった。ただし、保守派の反動によるものか、明治三年に静岡藩全体の小学校規則として制定された「静岡藩小学校掟書」では、休日が日曜日ではなく「四九之日」と訂正されており、古い制度に逆行してしまっている。

次に建物のことである。兵学校自体は古い城郭《じょうかく》をそのまま転用したものだった。それに対し、明治三年四月に城外に新築された附属小学校は洋風瓦葺《かわらぶき》二階建てであり、教室数は一二。赤松則良が図面を引き設計したものだったという。また、城下西条《さいじょう》町に建てられた沼津病院は、建物自体は東京の薩摩《さつま》藩邸を移築したものであったが、各室に四、五台のヨーロッパ風寝台《しんだい》が置かれ、窓にはガラスがはめてあるなど、部分的に洋式を採用していた。二階への患者の運搬用に、階段ではなく傾斜のゆるやかなスロープが設けられていたという。

兵学校を中心に成り立っていた当時の沼津には、町そのものにも学校の影響が及んでいたと考えられる。明治四年（一八七一）時点で、ある藩士が観察したところによれば、商家の見世《みせ》つき、婦女の風俗、髪の形、言語の訛《なまり》は浜松よりも幾分東都に似通っていたという し、劇場、寄席《よせ》、楊弓場《ようきゆうば》、男女混浴《こんよく》の銭湯《せんとう》が大変繁昌《はんじょう》し、とりわけ「牛肉店、西洋小《こ》間物《まもの》店、藩士の散髪頭、帽子をかぶる者、靴をはいてゐる者、是等は当時遠州浜松にては見ることもなかつたものである」（岡本昆石《こんせき》「予が英学修業の道中」『同方会誌』四九）という。領内では東京に最も近いという理由もあったが、兵学校のかもし出すハイカラな雰囲《ふんい》気《き》が町全体を覆っていたのである。

兵学校関係者が残した家計簿にもその一端が表れている。陸軍生育方頭取をつとめた立《たつ》田彰信《たあきのぶ》の「万遣払簿《よろずつかいはらいぼ》」には、明治二年正月から三年一二月までの支出中、リキユル・舶来牛肉・時計直し・西洋手帳・袴ヅボン・ビットル・カウムリ傘・西洋油・洋蠟《ようろう》などが記載されており、沼津でさまざまな舶来品《はくらい》が購入できたことがわかる。

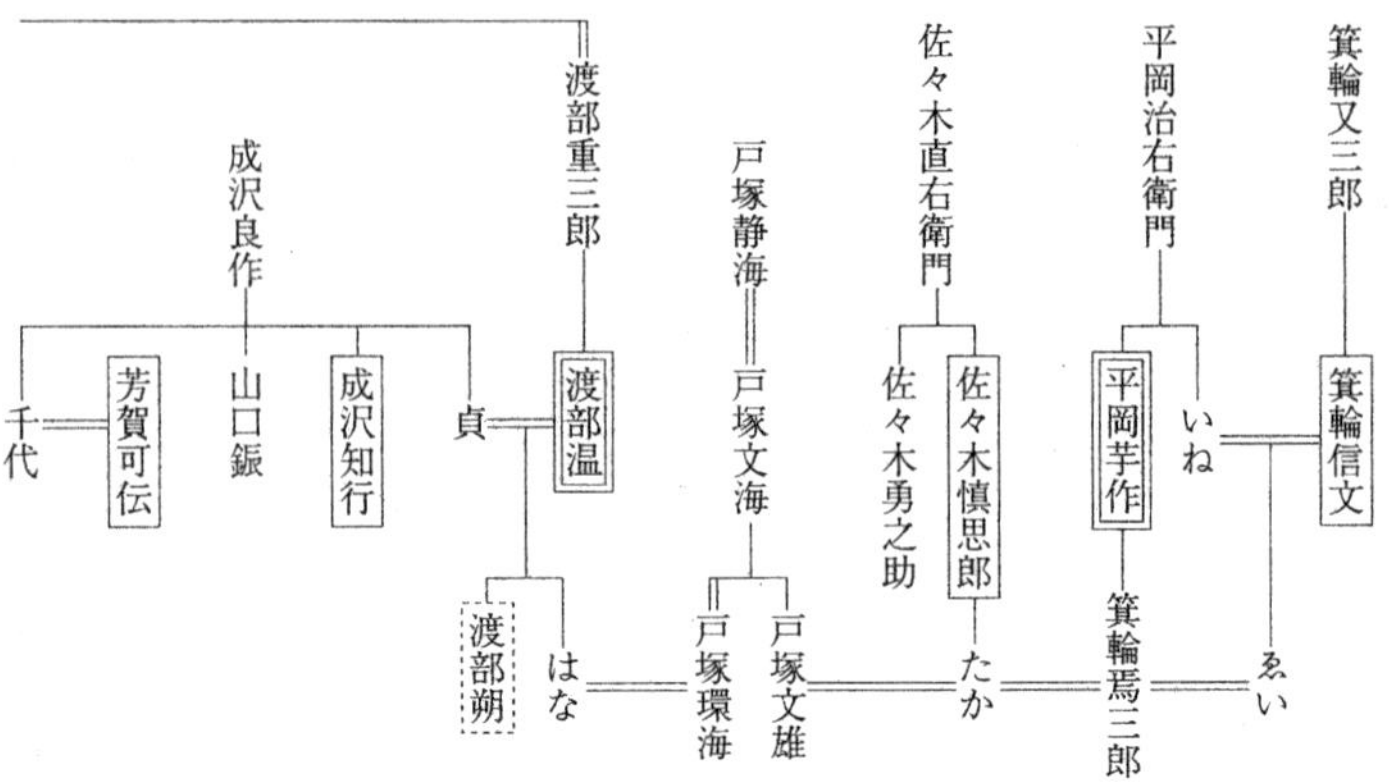

つながった沼津兵学校の人脈

姻戚関係と人脈

学識・技能によって人選された教授陣、学力試験によって選抜された資業生。広範囲から選び抜かれた能力ある個人の集団であることは間違いない。その一方、よくよく沼津兵学校に集った顔ぶれをながめると、その背後には姻戚関係で強く結び付いていた側面も見えてくる。すでに幕末段階で形成されていた場合もあれば、沼津以降に縁組をした例もある。

例として渡部温・石橋好一らを中心とする姻戚《いんせき》関係図を掲げた（図32）。渡部と石橋はともに開成所出身の英学者。渡部は沼津の自宅でも子弟を教え、息子の朔を附属小学校に入れただけでなく、義弟にあたる成沢知行《なるさわともゆき》らの面倒を見、資業生に及第させた。渡部が自宅で指導し資業生にさせた者

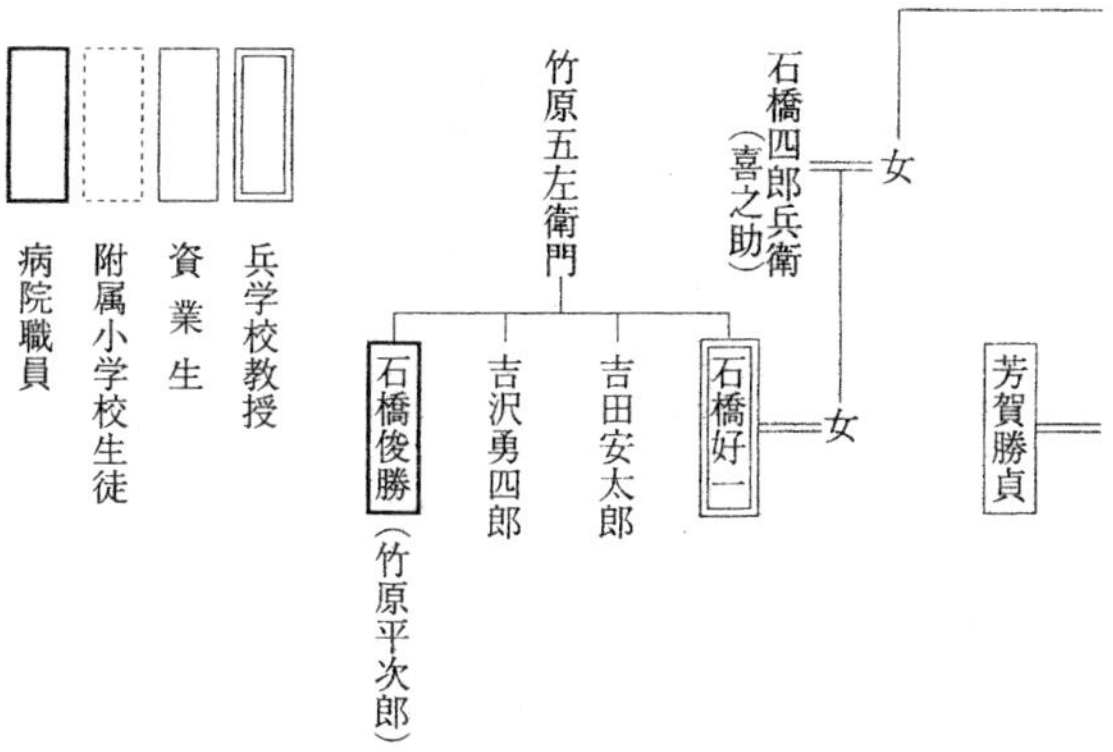

図32　姻戚関係で

としては、やはり開成所時代の同僚西尾錦之助《にしおきんのすけ》の息子政典《まさのり》がいる。

誰よりも教育の有用性を身にしみて知っていた洋学者は、家族・親類・知人こぞって就学を奨《しょう》励《れい》したのである。スタートは一斉《いっせい》に切られたわけではなく、気付いた者から駆け出していたといえる。走者の位置に付いてもいない者すらいる当時、すでに沼津兵学校関係者はトップランナーとなっていた。

その彼らは、廃藩後上京し各界で成功をおさめてからも強いきずなで結ばれ、息子・娘の代に新たな姻戚関係を形成するなど、関係を持続・発展させている。

留学生と御貸人

維新《いしん》後、兵学校や学問所の設立によって一躍教育のメッカとなった沼津・静岡には、全国の諸藩から視察者が訪れ、留学希望者が殺到《さっとう》することとなった。明治《めいじ》三年（一八七〇）当時、京都に新政府が設立した陸軍の下士官《かしかん》養成機関である教導隊（後の教導団）に在籍していた長府《ちょうふ》藩士乃木希典《のぎまれすけ》は、下士になるのを嫌い沼津兵学校への転校を希望したが、どうしても退隊許可が得られず果たせなかったという（宿利重一『乃木希典』春秋社、一九三七年）。沼津兵学校の名声は若き日の軍神乃木にまで伝わっていたのである。

諸藩から集った留学生

兵学校・同附属小学校に来た他藩留学生は、明治四年頃には七、八〇名に達したという。

具体的には、福井・徳島・佐倉・鳥羽《とば》・武生《たけふ》・斗南《となみ》・山口・長府・柳川《やながわ》・備中高梁《びっちゅうたかはし》といった藩名が判明している。とりわけ福井藩は二年一〇月以降一五名もの藩士を沼津に送り込んできたことが知られ、資業生及第者（員外生）も出している。その他、現段階で氏名が判明している留学生は、徳島藩四名、佐倉藩二名、鳥羽藩二名、武生藩一名、斗南藩一名である。彼らは資業生に合格したという記録はないので、附属小学校で学んだのであろう。教授が自宅で開いた私塾に入った者も含めればさらに大勢の留学生がいたと想像される。

先に紹介した映画「沼津兵学校」では、長州藩からの留学生が主人公の一人として設定されているが、残念ながら実際に山口藩から来た留学生の実名は不明である。仇敵《きゅうてき》だった藩からの留学生をどのような思いで迎え入れたのだろうか、想像をかきたてる。ちなみに、鹿児島藩から沼津への留学生は知られていないが、静岡のほうでは勝海舟《かつかいしゅう》の仲介により、最上五郎《もがみごろう》ら藩士数名が大久保一翁《いちおう》宅に滞在し学問所に通学したという事実がある。

白虎隊出身の苦学生

そんな諸藩からの留学生の一人に西川鐵次郎《てつじろう》という斗南藩士がいた。同じ留学生でも、学資が豊かで、高価な西洋紙を惜《お》しげもなく使用し、妓楼《ぎろう》から通学した者さえいた福井藩士・徳島藩士に対し、西川は「衣食の料にも

図33　斗南藩からの留学生西川鐵次郎（沼津市明治史料館蔵）

足らず、止《やむ》を得ず教授方の家に寄食」する苦学生だった。戊辰《ぼしん》時には一六歳で白虎隊《びゃっこたい》に入り、越後《えちご》を転戦、敗戦後高田に幽閉《ゆうへい》された。家族は東京で謹慎《きんしん》生活を送った後、明治三年斗南に移住したが、鐵次郎は単身沼津に赴き小学校に入った。履歴書には三年七月「駿州沼津小学ニ入リ西周ノ教ヲ受ケ」たとある。翌年上京し大学南校に入学、引き続き開成学校に学び東京大学法学部を卒業した。外務省・内務省を経て司法官となり、大審院判事《だいしんいんはんじ》や函館・長崎の控訴院《こうそいん》長などを歴任した。敗者として苦難の道を歩んだ元会津《あいづ》藩士の中でも成功を収めた幸運の持ち主であった。

後の陸軍大将柴《しば》五郎も、東京で謹慎生活を送っていた明治二年、沼津の洋学者林欽次《きんじ》（正十郎）のもとへ脱走し教育を受けようと画策したが、中止のやむなきに至ったという（石光真清『ある明治人の記録』）。同じく海軍大将出羽重遠は、静岡に遊学、漢学者林惟純《これずみ》の塾で学僕《がくぼく》をつとめ、棕櫚縄《しゅろなわ》や銭縄《ぜになわ》を編む内職をしながら学んだという。会津藩の子弟は、絶望の淵にあっても教育にかすかな希望を見出した。留学先としての静岡・沼津は彼らの活路《かつろ》となったのである。

福井藩の留学生

福井藩からの留学生については、熊澤恵里子氏による一連の研究がある。京都滞在時代の西周にすでに師事《しじ》していた永見裕《ながみゆたか》が引率者となり、沼津に来遊することとなったらしい。留学先としては、東京の開成学校なども候補であり、実際に派遣《はけん》された者もいたが、同藩では沼津を最も重視し、学生を大挙《たいきょ》送り込んだ。彼らは、西の私宅で薫陶《くんとう》を受けたほか、兵学校附属小学校に学び、その後資業生に及第する者が出た。資業生となった杉田悦三郎《えつさぶろう》は、いったん開成学校に入学したが、後に沼津へ留学先を変更したという経歴を有していた。沼津兵学校は、「東京なる開成校よりも寧《むし》ろ評判がよかつた位」(『斎藤修一郎　懐旧談』武生郷友会、一九一七年)だというのである。

福井藩留学生には、七ヵ条の「修行生規則」と三ヵ条の「塾中規則」が藩から課せられていた。兵学校の規則を遵守すること、質素倹約《しっそけんやく》につとめること、休日以外は飲酒・外出は禁止、国事批判は慎むことといった内容であり、各人は誓約書を提出した。藩から支給された学費は一ヵ月一〇両余であり、静岡藩士の資業生が月四両だったことと比較しても恵まれていたといえる。成績優秀者には報奨《ほうしょう》金が出されたほか、帰藩した一部の者は藩校明新館の教授に任命されている。

留学生派遣の成果は当然福井藩内にもたらされた。明治二年五月と一二月、同藩は学制改革を実施、小学校・中学校・医学校を配備し、沼津兵学校資業生の学科に相当する「普通ノ学」、つまり一般教養課程を基礎にした教育内容を整えた。その学科表は沼津の「掟書」と類似点が多く、影響が及んだことが推測される。福井藩は、四年（一八七一）二月にも大規模な学制改革を行い、中学校からは軍事教育機関としての性格が取り払われ、四民《しみん》への開放を進めた。やはり、西の助言があったことや静岡藩を参考にした可能性が指摘される。

以上、福井藩については熊澤氏の研究に依拠した。

諸藩への御貸人

他藩からは、留学生の受け入れだけではなく、逆に教師を派遣してほしいというリクエストもあった。定員オーバーの静岡藩では、それを勿怪《もっけ》の幸いと藩士を諸藩へ貸し出した。彼らは「御貸人《おかしびと》」と称された。廃藩直後の明治四年（一八七二）八月時点、二五六名の「諸県貸人」がいたと記録されている。具体名が判明しているのは、派遣先の藩（一部公家《くげ》・寺院も含む）では約六〇ヵ所、派遣者の氏名についてては一七〇名ほどである。御貸人になったのは、英学・洋算《ようさん》・フランス式調練《ちょうれん》といった一芸に秀《ひい》でた、主として洋学系の人材である。沼津兵学校の教授・生徒はうってつけの御貸人候補であった。

沼津兵学校から派遣された御貸人で判明している分は、弘前《ひろさき》藩二名、上田《うえだ》藩一名、名古屋藩二名、鯖江《さばえ》藩一名、徳島藩六名、松江藩四名、福岡藩二名、柳川《やながわ》藩一名、鹿児島藩一〇名、不明一名の計三一名ほどである。派遣時期は明治三年（一八七〇）以降がほとんどであり、とりわけ三年一〇月に政府が発した、陸軍はフランス式に統一せよという布達《ふたつ》の影響は大きい。それまで別方式を取っていた諸藩でも仏式を採用することとなり、旧幕府陸軍出身者である沼津兵学校関係者は指導者として引く手数多《あまた》となったのである。上田藩執政《しっせい》師岡《もろおか》主齢から沼津兵学校教授平岡芋作《うさく》にあてた明治三年一二月二三日付と思われる礼状が残る。その文面には、以下のようにある。

先般者土屋右衛門作差し出し、仏式練兵御伝習之儀願い上げ候処、早速御允愈《いんゆ》、佐野氏始め遠誘御貸し成し下され、御蔭をもって藩士之輩日々御垂範を受け、追々熟練之場ニ相運ばれ申すべく、右者全く種々御周旋下され候故と知藩事ニモ浅からず感佩致され、拙者より宜敷《よろしく》裁謝仕るべき旨、且つ国産素品菲薄之至ニ御座《ござ》候得共《そうらえども》、御挨拶徴《しるし》迄ニ進入致すべき様申付候、御笑留も下され候得《そうらえば》者大幸に存ぜらるべく候

御貸人による仏式練兵に対し知藩事松平忠礼《まつだいらただなり》も深く感謝している旨が伝えられ、贈答品《ぞうとう》

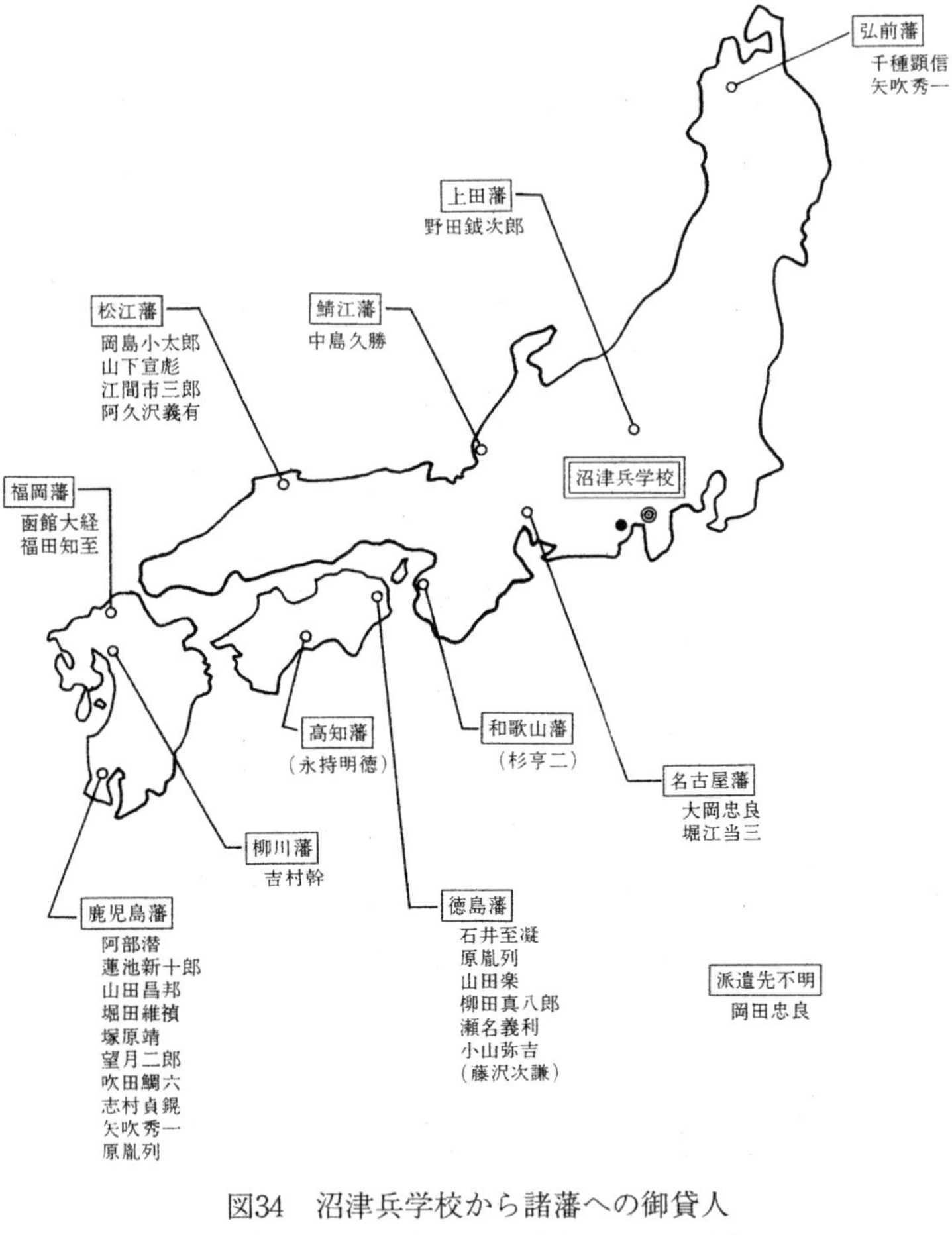

図34　沼津兵学校から諸藩への御貸人
（　）内は，候補にあがったが実現しなかった人物

が送られたことがわかる。

歩兵・砲兵といった分野はもちろん、ラッパ教官としての招聘《しょうへい》などもあり、特殊技能が重宝がられた。当時まだ教える者のいない体操や数学の指導は、他藩にとってはありがたいものだった。

徳島藩と鹿児島藩では、御貸人の招聘を機に静岡藩の小学校制度を取り入れた教育改革を実施している。徳島藩が四年正月に設置した小学校の規則は、「徳川家兵学校附属小学校掟書」に倣《なら》ったものだった。鹿児島藩が同年同月に始めた本学校―小学校・郷校の進級制度は、兵学校―附属小学校のしくみを取り入れ、「普通之学問」（資業生の基礎科目相当）の習得に主眼を置いたものだった。鹿児島では廃藩後も静岡藩の制度的影響が続き、八年（一八七五）六月に制定された「変則小学校規則」は「静岡藩小学校掟書」にそっくりだった（井原政純「鹿児島藩の学制改革と静岡藩からの影響―（二）『本学校―小学校・郷校の制』を中心に―」『国士舘大学教育学論叢』第一七号、一九九九年）。

鹿児島に赴いたのは、沼津兵学校の生みの親ともいうべき阿部潜《せん》と附属小学校頭取蓮池新十郎らであった。倒幕《とうばく》の張本人たる鹿児島藩への肩入れは、相手からも感謝され、戊辰時の感情的なしこりを解消する役割も果たしたようである。第二期資業生から鹿児島藩御

図35　鹿児島藩での教え子が建てた堀田維禎追悼碑（東京都豊島区・染井霊園）

貸人となり数学を教えた堀田《ほった》維禎は、鹿児島の生徒たちに慕われ、死後追悼のための記念碑が東京の墓地に建てられている。

なお、沼津兵学校以外では、静岡学問所からの御貸人派遣は少ないが、箱館戦争降伏人と勤番組からの派遣数は極めて多い。無役の者や帰参《きさん》した者の中にも有能な人材が眠っていたわけであり、静岡藩では彼らを他藩へ貸し出すことで、人材の有効利用と食い扶持《ぶち》の節減との一石二鳥をはかったといえる。

名古屋藩の兵学校掟書

沼津兵学校が留学生や御貸人を通じて他藩に与えた影響として、福井・徳島・鹿児島などの諸藩において兵学校や附属小学校の「掟書」を手本とした規則が制定されたことを指摘した。ここでは、その具体例として、これまで紹介されていない名古屋藩の場合を取り上げてみよう。

名古屋藩では、明治四年（一八七一）四月、旧成瀬屋敷内に陸軍士官養成のため兵学校を開設したが、その規則書として三月に制定されたのが「兵学校掟書」（愛知県公文書館所蔵・名古屋藩庁文書J—7「(御触留)」所収）である。その制定のいきさつは明らかでないが、前年一二月に沼津兵学校から御貸人として資業生大岡《おおおか》忠良・堀江《ほりえ》当三《とうぞう》らを招聘しフランス式練兵指導を仰いでおり、彼らを通じて沼津の「掟書」がもたらされたのかもしれない。大岡は名古屋で兵学校教官をつとめたともいうので、その可能性は高い。

名古屋藩「兵学校掟書」は、全一五ヵ条からなり、その内容は「兵学校生徒之規則」「資業生之規則」「休業之事」に分かれている。沼津兵学校と同附属小学校の「掟書」を合体した上、かなり省略したような内容である。

生徒には、士族《しぞく》・卒《そつ》のみならず市在有志も志願することができた。年齢的には一四歳から二五歳までとされ、二六歳以上は員外生とした。そのカリキュラムは表4の学課表の通りであり、五等生から一等生へと五段階で進級するようになっていた。比較のため「静岡藩小学校掟書」の学課表を並べた。表や進級数字の上下関係が逆になっている。静岡藩では初級・一級・二級・三級と四段階になっている点、英仏語学初歩が入っている点などが違うほかは、内容はかなり似ている。しかし、一四歳から二五歳という年齢は、静岡藩の七、八歳以上という規定とは大きく異なり、初等教育機関というよりも軍学校としての性

表4　名古屋藩「兵学校掟書」の生徒学課

	読書	手習	算術	練兵	剣術	水練	馬術	聴講
一等生	元明国史	公私綴字	乗法　開平　開立　級数　方級数　対数	小隊散兵算木　散兵運動　角打				
二等生	十八史略	公用文章	比例雑題　差分　加較　利息　損益　平均	小隊運動				
三等生	五経	私用文章	比例式	生兵				
四等生	論孟	名頭　国尽　往来物	分数　小数　諸等	器械体術				
五等生	三字経　孝経　字庸	いろは　片仮名　数字	数字　加法　減法　乗法　除法　雑題	体操				

表5　「静岡藩小学校掟書」の学課

	読書	手習	算術	地理	体操	水練	講釈聴聞	皇朝雑史類
初級	三字経　大統歌　逸史題辞　孝経　四書	いろは　片仮名　数字　名頭　国尽シ　往来物	数字　加減　乗除		剣術			
一級	五経	私用・公用文章	度量権衡　諸等加減　乗除　分数全部	皇国地理				古事談　続古事談　十訓抄　保元平治物語　源平盛衰記　北条九代記　太平記　信長記　太閤記　三河後風土記　藩翰譜　王代一覧等
二級	十八史略　国史略　元明史略	設題私用文章	比例式全部					
三級	三史略大意講解　英仏語学初歩	設題公用文章	開平開立　雑題復習　算盤用法					

表6　名古屋藩「兵学校掟書」の資業生学課

英仏語学之内一科	会話　文典　究理　天文　地理　歴史
書史講論	左氏伝　皇朝史略　日本外史　綱鑑易知録
数学	點竄　開平　開立マテ　二次方程式マテ　連数対数之理　幾何　平面式　八線正斜　三角　立体　実地測量
画学	
練兵	大隊　陣営諸則　行軍
文章	

表7　沼津兵学校の資業生学課

書史講論	博物新編　地理全誌　瀛環志略　孫子	皇朝史略		綱鑑易知録
英仏語之内一科	会話　文典	万国地理・窮理・天文概略		万国史・経済説大略
数学	點竄	開平開立まで	二次方程式まで	連数対数の理
	幾何	平面式	八線正斜三角	立体
	実地測量　プランセット　セキスタント　ブースソル等の理並に用法又此測器なくして目にて遠近を測り図に写す事又水平術の大略			
	フロゼクシオンの学			
器械学	本源のみ			
図画				
乗馬				
銃砲打方	銃の組立的打等打交ぜ			
操練	生兵小隊並に大砲はセキチー運転位まで			

格が強かったことをうかがわせる。

一方、資業生は、その名の通り沼津兵学校資業生と同じく、士官候補生であり、生徒の中から進級した上級生である。授業内容は掲載した表6の学課表の通りであり、沼津兵学校のそれと比較すると、よく似ていることがわかる。資業生にも員外生の制度があり、士官を志望しない者には一部の科目のみを学ぶことが許されていた。

規則の条文の数が少ないことからもわかるように、名古屋藩兵学校のしくみは沼津兵学校と較べるとかなり大雑把《おおざっぱ》だった。生徒から資業生に進級するのに選抜試験があるのかどうかもわからない。農工商にも士官への道が開けていた点は静岡藩よりも進んでいたと言えるが、藩内の教育システム全体の中での位置づけは曖昧である。同藩は、歩兵三個大隊と砲兵を常備兵として擁し、庶民からも徴募《ちょうぼ》していた。兵卒のいない静岡藩とは置かれた状況が違っており、現場に立つ士官の速成が期待されていたと考えられる。

名古屋藩兵学校は廃藩置県により七月二八日には廃校となった（『名古屋市史　政治編第一』名古屋市役所、一九一五年）。なお、四年七月に開校された同藩の小学校についても、東京府の中小学制度とともに静岡藩の小学校制度が参考にされたといわれる（倉沢剛『幕末教育史の研究　三』吉川弘文館、一九八六年）。

敗者復活

武士から軍人へ

修行兵と大阪教導隊

明治二年（一八六九）六月駿河《するが》府中藩《ふちゅうはん》は静岡藩と改称した。八月から九月にかけては、版籍奉還《ほうかん》や職員令といった政府の方針に則り藩制改革を実施した。兵学校の上部機関では陸軍総括・陸軍御用重立取扱といった役職が廃止され、代わって軍事掛が置かれた。また、生育方《せいいくかた》（陸軍生育方）は廃止され、沼津・田中にも他の領内各地と同様に勤番《きんばん》組が置かれた。陸軍所属者とそれ以外の所属者との区別がなくなり、無役《むやく》の藩士はすべて勤番組として統一されることとなったわけである。

一〇月、静岡藩は来春「兵学校附修行兵」を取り立てる旨を達した。これは三〇〇〇人の常備兵を擁《よう》すべしとの政府命令に基づくものだった。翌月には各地の勤番組に対し、兵隊を編成することになったので、兵学校教授が出張して強壮の者を選び、一五〇人ずつ交代で訓練をほどこすとの方針を伝達している。旧陸軍生育方、すなわち旧幕府陸軍兵士から構成されていた沼津・田中の二勤番組だけでなく、その他の各地勤番組もその対象となったわけであり、領内一律の徴兵《ちょうへい》実施を指示したのである。

各地から沼津に集められた修行兵は兵学校教授や資業生《しぎょうせい》を教官として訓練を受けた。資業生の中には「修行兵算術教師」を命じられた者もおり、調練《ちょうれん》のみならず学科も教えられたことがわかる。

しかし、修行兵は単なる兵卒《へいそつ》ではなかった。阿部潜《せん》・江原素六《えばらそろく》ら軍事掛幹部には、藩がいつまで存続するかわからない時勢の中で三〇〇〇人もの兵員を擁することは無駄であるとの考え方があり、実際は修行兵を下士官《かしかん》の候補として教育した。藩内には兵隊取り立てを望む勢力もあったが、兵員を常備しないという方針は堅持《けんじ》された。政府からの指令にもかかわらず、「陸軍解兵御仕方書」以来の基本路線は守られたといえる。

明治四年（一八七一）八月、廃藩直後の調査では、「学校・沼津兵学校教授方、資業生・修行兵・附属兵共」の総人数が五一一名とされている（『静岡県史　資料編16近現代一』）。沼津と沼津以外の藩内全学校の教授陣に、資業生や修行兵を加えた総数が五〇〇人ほどにしかならないということは、修行兵がいかに少人数であったかを裏付けている。

明治四年四月、兵部省から大阪教導隊へ生徒を差し出せとの命令があった際、静岡藩では修行兵二七名を選抜し派遣している。教導隊は下士官養成機関であり、修行兵＝下士官候補という静岡藩の意図が裏付けられる。

廃藩から廃校へ

沼津兵学校の豊かな人材と制度・内容の先進性は、諸藩から注目されただけでなく、新政府からも熱い視線が注がれていた。典拠不明ながら大村益次郎《おおむらますじろう》や山県有朋《やまがたありとも》が視察に訪れたとする文献もある。二年（一八六九）七月には兵部省《ひょうぶしょう》が置かれ、軍事の中央集権化が強力に推し進められようとしていた。三年正月東京に海軍兵学寮が、四月大阪に陸軍兵学寮青年学舎が開校し、陸海の士官養成も動き出した。各藩が分立割拠してそれぞれに兵を擁している状態はいずれ解消されるべき方向にあった。

頭取西周《とうどりにしあまね》は、政府からの再三の徴命を断りきれず、三年九月二一日沼津を離れ上京するが、同月静岡藩は政府に対し沼津兵学校の献納《けんのう》を願い出た。兵部省が設置を計画している兵学寮に、教授・生徒や書籍等をそのまま献納したいので、学術優劣を検査した上、是非とも受納してほしいというのである。膨大《ぼうだい》な家臣を養うのに精一杯で、学校の維持が難しいというのが理由であった。すでに藩内では、八月一〇日頭取から生徒に対し、「今般

当学校　朝廷へ御献納被成度《ならせられたき》御見込」との通達を出していた。「藩力相応」を超えた沼津兵学校は、藩にとって大きな重荷になりつつあった。この時は兵学校の政府移管は実現しなかったが、兵学校を手離そうとする藩の意志表示と西の離任とは大きな転機となった。

西以外にも、教授たちの中には新政府にスカウトされ兵学校を辞めていく者が続出していた。三年閏一〇月に静岡学問所へ転任した乙骨《おっこつ》太郎乙《たろうおつ》の例であるが、以下のような遊学願書を藩に提出している。同僚たちが続々と上京していく中で、残された者は焦りを感じていたことがうかがえる。

学術修業之儀ニ付き申し上げ候覚《おぼえ》

一私儀、当未　月中英学一等教授命ぜられ候ニ付いては生徒引き立て方は勿論《もちろん》、自分学業をも精々骨折り御藩校御取立候御主意相貫き候様心懸け候義に御座候《ござそうら》得《え》共《ども》、元来微力之処、日々生徒集会等にて独看《どくかん》之余暇これ無く、当節学術追日相開け候折柄、只々《ただただ》旧見を墨守いたし居り候ては因循之域ニ陥り終《つい》ニ誤謬《ごびゅう》を伝へ候様ニも成り行き、容易ならざる義と甚《はなはだ》心配仕《つかまつり》候ニ付き勘弁仕り処、外国人御雇ひ相成り候歟《か》又は私共之内連々外国へ差し遣はされ候歟、前様之内御施行御座なく候ては御主意之儀も泡沫ニ属し申すべく候得共、右はいつれも御手重之義ニ御座候間、尚亦《なおまた》再考仕り候処、何卒一時格別之御取計を以て暫時東京へ御暇下し置かれ、南校へ罷《まか》り出で、是迄《これまで》許多《あまた》疑団之件ニ質問仕り、尤《もつと》も品ニ寄り候へば懇意筋相手寄り横浜表へ罷り越し、外国人へ口授をも受け候上、帰駿仕り候ハ丶、素志相遂け有り難く存じ奉り候義ニ御座候、尤も私留守中生徒之内疑問相質し度く存候ものハ私迄書通を以て申し越し候得者《そうらえば》、其都度委細返書を以て申し越し候様仕り、なるべく丈御都合宜敷《よろしき》様仕るべく候間、右事情御諒察《りようさつ》しかるべく御評議之上、凡《およ》そ一ケ年程東京へ御暇下し置かれ候様仕り度く、敬太郎江も相談仕り候処、異存御座なく候間、此段懇願仕り候、以上（東京都立中央図書館所蔵・渡辺刀水旧蔵諸家書簡）

乙骨は、外国人雇用や外国留学は無理なので、国内留学によって自己の英語力を磨くべく、帰藩を前提に大学南校での短期研修を願い出たのである。

生徒の間にも動揺が広がった。三年一二月二四日、古株の資業生石井至凝《みつなり》・高松寛剛らが発起人《ほっきにん》となり、生徒集会が催され、教授の留任と学校の振興を求める嘆願書《たんがん》が当局に提出された。映画「沼津兵学校」では、頭取を引き抜きに来た兵部大輔大村益次郎の宿舎に生徒たちが押しかけ抗議する場面があるが、それはフィクションとしても、当時実際に渦《うず》巻《ま》いていた感情にはそれに近いものがあったに違いない。

逆に学校の将来に見切りを付け、自主退校する生徒もあった。永峰秀樹《ながみねひでき》・中川将行《なかがわまさゆき》・矢吹秀一《やぶきしゅういち》ら資業生三名は、東京で海軍を学ぶべく退校届を提出したが、受理されないため、勝海舟《かつかいしゅう》に直訴《じきそ》してようやく上京することに成功した（永峰秀樹『思出のま丶』一九二八年）。三人が静岡の勝を訪ねたのは四年（一八七一）七月一三日のことだったが、その翌日には廃藩置県《はいはんちけん》が断行された。

沼津出張兵学寮

廃藩により沼津兵学校は設立母体である静岡藩を失った。しかし、藩は県と名称を変えただけで、学校はそのまま存続した。それも束《つか》の間、九月晦日《みそか》兵学校は政府に移管され兵部省の管轄《かんかつ》となり、一二月一六日には沼津出張兵学寮と改称する。教授陣には一一月二三日と一二月二日付で政府からの辞令が下りている。西の後を継ぎ二代目頭取になっていた塚本明毅《あきかた》は陸軍少丞兼兵学大教授、頭取並になっていた大築尚志《おおつきたかゆき》は陸軍中佐兼兵学助といった具合である。なお、大阪の陸軍兵学寮は四年一二月東京へ移転していたので、沼津出張兵学寮は東京本校の分校という位置づけになる。

明治四年九月と五年三月には八期・九期の資業生が採用されており従来通り授業も続けられていた。履歴書によると和多田直正は五年四月一日に資業生に及第したとなっており（東京都江戸東京博物館所蔵・川村家文書「明細書」）、最後の入試は三月でなく四月だったと

図36　明治４年12月政府移管後兵部省からの辞令

考えられる。四年一二月一六日に静岡県が兵部省あてに提出した人員報告によれば、江原素六・杉亭二《すぎこうじ》以下役員四六名、俗事四二名、資業生一七三名となっている。判明している名簿では、その時点での資業生（第八期まで）の総数は一九七名になるはずなので、死亡・退学等により二四名が減っていたことになる。

藩校として軍事教育機関を有していたのは静岡藩だけではない。武備は藩にとって義務であり、多くの藩は兵を擁し、将兵の教育のために学校を設けていた。すでに幕末期に設置していた藩もあれば、維新後新たに置いた藩もある。沼津兵学校同様、維新後に新設・改組されたものに限っても、八戸《はちのへ》藩兵学館（明治三年）、秋田藩兵学校（元年）、新発田《しばた》藩講武館《こうぶかん》（二年、後兵学寮）、松代《まつしろ》藩兵制士官学校（元年）、名古屋藩兵学校（四年）、大垣《おおがき》藩武学校（元年）、津藩演武《えんぶ》荘（二年）、金沢藩斉勇《せいゆう》館（三年）、大聖寺《だいしょうじ》藩操練《そうれん》所兵学舎（二年）、和歌山藩兵学寮（三年）、出石《いずし》藩武校（二年）、村岡藩軍務学舎（二年）、松江藩兵学校（後陸軍所、二年）、岡山藩兵学館（元年）、広島藩三原洋学所（元年）、福山藩兵学校（二年）、山口藩明倫《めいりん》館兵学寮（二年）、高知藩兵学校（三年）、平戸《ひらど》藩兵学寮（三年）といった具合で、数え切れない。廃藩置県《はいはんちけん》によりこれら諸藩の軍学校はすべて廃止となった。しかし、沼津兵学校は唯一の例外とされたのである。ただし、新政府が別格扱いしたとはいっても、決して永続させるつもりはなく、教授・生徒を丸ごと取り込むべく、その時期を見計らっていたためである。あくまで暫定《ざんてい》措置であったが、そのこと自体に評価の高さが表れている。

図37　明治５年５月廃校時の東京引揚辞令

明治五年（一八七二）二月には兵部省が陸軍省・海軍省に分離したので、以後沼津出張兵学寮は陸軍省の管下に入ったことになる。そして、最終的にはその年五月、ついに唯一の例外もなくなることとなった。沼津出張兵学寮の廃止と陸軍兵学寮への合併が指令されたのである。七日に資業生に対し上京時の行軍責任者の任命があり、一〇日には上京時の注意事項が指示された。旧主徳川家達《いえさと》からは、当主へ一〇円、部屋住へ七円が下賜《かし》されることになった。一一日朝六時、最後まで残留《ざんりゅう》していた資業生六三名は校舎である沼津城に別れを告げ、隊伍《たいご》を組み上京した。ここに名実ともに沼津兵学校は終焉《しゅうえん》を迎えた。

資業生の進学先

総員では二一八名いたはずの沼津兵学校資業生は、廃校時には三分の一以下になっていたことになる。先に紹介したように、政府移管後の四年一二月時点でも一七三名が残っていた。六三名以外の資業生はどうなったのだろうか。中には途中で資業生を辞め、附属小学校の教授になっていた者もいるし、医科志望者も抜けていた。在学中病死した者も数名いる。他藩からの招聘《しょうへい》に応じ御貸人《おかしびと》として赴任していた者や、大阪の陸軍兵学寮へ貢進生《こうしんせい》として派遣されていた者もいた。永峰秀樹たち三名のように中途退学した者も少なくなかった。また、年少の者は六三名の中には含められなかった。

就職する道を選択した者が多かったであろう年長者は別にして、多くが学業半ばの青少年である。彼らは次の就学先を探すこととなった。表8は、判明している資業生・附属小学校生徒の進学先を示したものである。最後の資業生六三名をはじめ陸軍に入った者は、教導団や士官学校で軍人としての勉学を続けることになったわけであり、いわば沼津兵学校の延長にあった。しかし、それ以外にも海軍兵学寮に入った者、東京大学や工部大学校・札幌《さっぽろ》農学校、あるいは慶応義塾《けいおうぎじゅく》などに進んだ者もおり、陸軍軍人だけが彼らの目標ではなかったことが改めてわかる。特に附属小学校出身者は幅広い傾向を示しており、普通教育機関としての同校の性格を反映している。

進路の選択にあたっては、沼津時代の恩師を慕ってその後を追った例も少なくない。たとえば、上京後西周が開いた私塾育英舎に入った第一期資業生佐々木慎思郎と福井藩からの留学生たち、赤松則良《あかまつのりよし》がいる海軍兵学寮に入ろうとした永峰秀樹ら、乙骨太郎乙が教鞭《きょうべん》をとった大蔵省翻訳《はんやく》局に入学した島田三郎《しまださぶろう》・望月二郎《もちづきじろう》・田口卯吉《たぐちうきち》といった例である。

表8　沼津兵学校生徒の進学先

進　学　先	資業生	附属小生徒
陸軍教導団	61	1
陸軍士官学校	20	8
海軍兵学校（兵学寮）	5	4
東京大学（大学南校）	1	10
工部大学校	4	3
駒場農学校		1
札幌農学校		3
司法省法学校	1	
大蔵省翻訳局	3	
陸軍病院	6	
その他官立系学校	1	3
慶応義塾	3	4
同人社	2	2
育英舎	1	2
攻玉社	2	
その他東京・横浜私塾	14	11
集成舎・沼津中学校		10
その他静岡県内学校・私塾		4

※経歴判明者のみを重複しないように集計．複数の学校・塾に学んだ者は最終学歴，もしくは主要なほうを採った．

藩閥のなかの旧幕臣

西周《にしあまね》のように廃藩《はいはん》・廃校を待たずに兵学校を辞去した者は少なくない。新政府からの招聘《しょうへい》に応じた彼らのことは、「天朝御雇《てんちょうおやとい》」と当時呼ばれた。

天朝御雇

明治三年(一八七〇)発行の静岡藩の職員名簿「静岡御役人附」にもその文字が印刷されている。天朝御雇は、沼津兵学校のみならず、静岡学問所をはじめ藩の各部局からも少なくなかった。何と言っても二年七月外務大丞《たいじょう》、一一月兵部《ひょうぶ》大丞に任じられた勝海舟《かつかいしゅう》はその筆頭《ひっとう》であろう。

表9は沼津兵学校の天朝御雇の一覧である。すでに明治元年時点から始まっていたことがわかる。新政府も旧幕府に優秀な人材がいたことは先刻承知であった。川上冬崖《とうがい》や揖斐《いび》

表9　沼津兵学校とその周辺からの「天朝御雇」

時　期	氏名（沼津での役職）	政府での役職
明治元年12月12日	川上冬崖（沼津兵学校絵図方）	開成所筆生
明治元年12月14日	揖斐章（沼津兵学校三等教授方）	軍務官出仕
明治2年4月4日	函館大経（沼津兵学校御馬方）	兵部省御馬掛
明治2年7月2日	松井甲太郎（沼津兵学校書記方）	神奈川県属司補席掌書
明治2年9月8日	篠原直路（沼津病院三等医師）	大学大助教
明治2年秋	山内勝明（沼津兵学校三等教授方）	陸軍
明治3年1月5日	田辺太一（沼津兵学校一等教授方）	外務少丞兼外務一等書記官
明治3年1月	桂川甫策（沼津病院三等医師）	大学中助教
明治3年2月17日	河津祐賢（沼津勤番組一番頬頭取）	大阪陸軍所出仕
明治3年2月19日	熊谷直孝（沼津兵学校教授方手伝）	民部省土木司出仕
明治3年3月13日	赤松則良（沼津兵学校一等教授方）	兵部省出仕
明治3年5月3日	林洞海（沼津病院重立取扱）	大学中博士
明治3年5月9日	高島茂徳（沼津兵学校三等教授方）	民部省出仕
明治3年6月23日	高藤三郎（軍事俗務方頭取）	民部省通商権大佑
明治3年7月11日	杉亨二（沼津兵学校員外教授方）	民部省十二等出仕
明治3年8月	山下守之（沼津勤番組十一番頬二等勤番）	大学南校教授手伝
明治3年9月28日	西周（沼津兵学校頭取）	兵部省出仕少丞准席
明治3年10月20日	永持明徳（沼津兵学校三等教授方）	大阪兵学寮
明治3年12月	鈴木重固（沼津兵学校三等教授並）	民部省土木権少佑准席
明治3年12月	榎本長裕（沼津兵学校三等教授並）	大学東校
明治3年	山本淑儀（沼津兵学校三等教授並）	海軍兵学寮大得業生
明治3年	山田昌邦（沼津兵学校教授方手伝）	海軍兵学寮大得業生
明治3年	西尾政典（沼津兵学校第1期資業生）	海軍兵学寮大得業生
明治4年1月17日	白戸隆盛（沼津勤番組之頭）	陸軍少佐
明治4年1月	三浦煥（掛川小病院頭取）	軍医
明治4年3月	近藤義立（沼津兵学校俗務生徒）	大学少得業生准席
明治4年4月14日	浅田耕（沢田学校所教授方）	韮山県大属試補

図38　明治３年12月鈴木重固（源五郎）の民部省出仕辞令

章《あきら》は、兵学校での仕事が本格的に始まる前に沼津を去ったということになる。三年当時少佐に任命され大阪兵学寮に勤務していた揖斐は、鬼教官として鳴らし、諸藩から集った兵士たちの怨嗟《えんさ》の的《まと》となっていた一方、上層部からは有能な人材として評価されていた。楠木《くすのき》正成《まさしげ》を尊敬する朝廷の兵士たちをあざ笑う、ニヒルな徳川遺臣《いしん》としての顔も隠さなかった（柳生悦子『史話まぼろしの陸軍兵学寮』六興出版、一九八三年）。

　西の片腕として沼津兵学校の立ち上げに尽力《じんりょく》した赤松《あかまつ》則良《のりよし》は、西よりも早く三年三月に兵部省に出仕していた。遠州磐田原《いわたばら》に土地を確保し開拓の準備を進めるなど、駿遠《すんえん》に骨を埋めるつもりでいた彼であったが、六月には家族ともども沼津を引き払った。いやいやながらの出仕であり、早々の辞職もほのめかしていたが、結局静岡藩にもどることはなかった。三年七月民部省《みんぶしょう》への出仕《しゅっし》を命じられた杉亨二《こうじ》は、政策に関する建白《けんぱく》が容《い》れられずすぐに辞表を提出し静岡にもどったが、廃藩後には再度徴命を受け結局上京した。三等教授方高島茂徳も、三年五月民部省（のち大蔵省）へ出仕したが、八月に辞職し、九月には再び沼津兵学校に復帰、そして閏《うるう》一〇月になるとまた新政府に出仕し兵部省に奉職《ほうしょく》するという、めまぐるしい行動を取っている。

教導団工兵生徒の屈辱

天朝御雇になった揖斐章は明治一三年（一八八〇）陸軍少将となっており、沼津兵学校出身の陸軍軍人の中では最速の出世を成し遂げた。また、大阪兵学寮への貢進生《こうしんせい》に選ばれ四年（一八七一）一月幼年学校に入学した五名の資業生《しぎょうせい》は、その後陸軍士官学校に進み、うち四名が将官となっている（村田惇が中将、加藤泰久・小島好問・栗山勝三《くりやまかつぞう》が少将）。いち早く新政府に入った者はその後の立身において有利だったといえる。

それに対し最後まで残った資業生六三名は不遇《ふぐう》だった。五年五月一一日沼津を発した彼らは、一三日東京に到着、翌日には陸軍兵学寮より教導団工兵生徒を命じられ、辰ノ口《たつのくち》（江戸城和田倉門《わだくらもん》外・現千代田区丸の内）の兵営に入った。いかに数学に強い沼津兵学校とはいっても、六三名全員が工兵科志望だったわけではないだろうから、上からの一方的な配属であった。そして何よりも、教導団という下士官養成機関に編入されたことは、士官学校たる沼津兵学校の生徒であった彼らにとっては屈辱的な降格《こうかく》であった。窮屈《きゅうくつ》な兵営生活も不満を増幅させた。八月には大川《おおかわ》通久ら八名が連名で「身体虚弱」を理由に退寮願を提出している。

結局教導団で頑張りぬいたのは二十数名にとどまった。しかし、うち三名だけが将官に進み（中将古川宣誉《のぶよし》、少将早川省義《あきよし》・渡瀬《わたせ》昌邦《まさくに》）、士官学校に入った者も三名いたが（仙波《せんば》種艶・近藤政敏・小川信）、多くの者は佐官や尉官で終わっている。

官員録の中の沼津兵学校出身者

天朝御雇から始まっていた旧幕臣・静岡藩士の政府出仕は、廃藩後には一気に加速する。もともと江戸の人であった彼らは東京にもどること自体には抵抗はなかったはずである。明治政府にとっても旧幕府の人材は必要であった。

政府の役人名簿（官員録）には出身府県が記載されているが、「静岡」（明治九年以前は「浜松」も含む）となっている者はほとんどが旧幕臣である。また、「東京」とされている者も、多くが静岡に移住しなかった旧幕臣か、東京に転籍した静岡移住者と考えられる。官員録を分析した研究によれば、明治一〇年（一八七七）時点の官員総数五二一五人のうち静岡・東京出身者は一七五五人であり、約三四パーセントを占めていた（田中彰「大久保政権論」、遠山茂樹編『近代天皇制の成立』岩波書店、一九八七年）。勅任官・奏任官と判任官とに分けてみると、前者のほうが比率が低く、やはり高級官僚は薩長《さっちょう》土肥《どひ》に独占される傾向が強かったが、中下級層は事実上旧幕府出身者が支えていたといえる。前政権を運営した彼らの実務能力は明治政府になってからも有用だったのである。

旧幕臣から政府に登用された者の中でも沼津兵学校出身者は特に重用《ちょうよう》された一群であった。外国語や数学など、洋学の素養が高く評価されたからである。表10は、明治七年（一八七四）の官員録に載った沼津兵学校出身者である。

沼津兵学校教授の場合、幕府陸軍出身者が明治陸軍にそのまま横滑《すべ》りしたのは順当といえる。一方、赤松則良・伴《ばん》鉄太郎ら幕府海軍出身者は海軍省へ、幕府外国方にいた田辺太一は外務省へ、西周《にしあまね》・杉亨二《こうじ》・渡部温《おん》・乙骨《おつこつ》太郎乙《たろうおつ》・石橋好一《こういち》など開成《かいせい》所に勤務した者は各官庁や教育界へといった具合に、陸軍以外の出身者は明治政府に入ることで本来の専門分野へと復帰していったといえる。西が軍人訓戒・軍人勅諭《ちょくゆ》の起草《きそう》に携わったこと、塚本明毅《あきかた》が改暦を提唱したこと、赤松が海軍の造船分野に果

図39　杉　亨二
わが国統計学の祖

表10 明治7年官員録の中の沼津兵学校出身者

官庁	氏名（役職）
正院	塚本明毅(少内史) 杉亨二(六等出仕) 藺鑑(七等出仕) 桂川甫策(八等出仕)
左院	藤沢次謙(四等議官) 矢田堀鴻(五等出仕) 竹村正路(五等書記生)
外務省	田辺太一(四等出仕) 石井至凝(十二等出仕)
内務省	山下宜彪(十四等出仕) 鈴木知言(駅逓寮権大属) 芳賀可伝(十等出仕) 宍戸鎰(十五等出仕) 矢橋裕(土木寮十一級出仕) 榊綽(地理寮九等出仕) 浅野永好(地理寮三等大技手) 新井秀徳(地理寮十一等出仕) 大川通久(地理寮三等中技手) 鈴木重固(地理寮一等少技手) 吉田泰正(同前) 浜田晴高(地理寮一等中技生) 赤井親善(同前) 野口昇(地理寮一等少技生)
大蔵省	鈴木成虎(十二等出仕) 立田彰信(租税寮権助) 山崎兼吉(租税寮権中属) 須藤時一郎(紙幣寮六等出仕) 増井以孝(紙幣寮権大属) 岡田忠良(紙幣寮十二等出仕) 佐久間信英(同前) 斎藤純孝(紙幣寮十三等出仕) 高藤三郎(出納寮大属) 望月二郎(統計寮十三等出仕) 川口嘉(検査寮十等出仕) 箕輪信文(検査寮権少属) 石川春明(検査寮十三等出仕) 井上清相(国債寮十等出仕) 小森儀一(国債寮十三等出仕)
陸軍省	西周(四等出仕) 佐々木慎思郎(九等出仕) 芳村重尭(十二等出仕) 折井正和(十三等出仕) 鈴木高信(同前) 梅沢有久(同前) 伊藤直温(十四等出仕) 揖斐章(歩兵少佐) 大築尚志(砲兵大佐) 浅井道博(歩兵中佐) 平岡芋作(歩兵少佐) 中根淑(同前) 万年千秋(砲兵少佐) 間宮信行(同前) 永持明徳(同前) 黒田久孝(同前) 天野貞省(工兵少佐) 本多忠直(歩兵中尉) 森川重申(砲兵中尉) 矢吹秀一(工兵中尉) 古川宣誉(同前) 成沢知行(同前) 羽山蟓(歩兵少尉) 竹田勝定(騎兵少尉) 江間経治(工兵少尉) 大塚庸俊(同前) 渡辺当次(同前) 早川省義(同前) 入江倫愛(同前) 中島豊蔵(同前) 海津三雄(同前) 渡瀬昌邦(工兵少尉試補) 木村才蔵(同前) 内藤富五郎(同前) 伊藤泰明(同前) 渡辺英興(同前) 若杉秀行(軍吏副) 中川冬得(同前) 高橋直重(軍吏補) 三浦煥(二等軍医正) 小林重賢(軍医) 滝野盤(軍医試補) 加藤寿(同前) 深谷周三(馬医正) 桑島景連(馬医副) 桑島通男(同前) 下文朔(同前) 原胤列(陸軍兵学寮中属) 長谷川安貞(陸軍兵学寮少属) 山口知重(陸軍兵学寮十二等出仕) 高木利重(陸軍兵学寮十三等出仕) 市川芳徹(同前) 広川均安

	(同前十四等出仕)　神保長致(陸軍兵学寮大助教)　榎本長裕(同前中助教)　小野清照(造兵司九等出仕)　石丸義孚(同前権中令使)　笠島重易(同前十四等出仕)　小野昌升(同前十五等出仕)
海軍省	赤松則良(大丞・少将)　蓮池規正(大秘書)　杉浦赤城(十等出仕)　伴鉄太郎(少佐・水路権助)　山本淑儀(大尉)　永峰秀樹(少尉)　荒川重平(同前)　中川将行(同前)　片山正路(主船寮大属)　伴野三司(主船寮中属)　浅田耕(同前)　片山直人(同前)　多門祐二(主船寮少師)　並木元節(兵学寮十三等出仕)
文部省	松井甲太郎(十等出仕)　池田保光(開成学校十等出仕)　渡部温(長崎外国語学校長・七等出仕)　宮川保全(長崎師範学校十三等出仕)
工部省	島田随時(十等出仕)　鈴木義広(灯台寮中属)　曽根亨吉(製作寮権大属)
宮内省	林洞海(権大侍医)　岩波常(中馭者)
開拓使	山田昌邦(八等出仕)　石橋俊勝(同前)　小林省三(九等出仕)　箱館大経(権中主典)　根岸定静(十一等出仕)　関大之(十二等出仕)　奈佐栄(十三等出仕)　野沢房迪(同前)　水野秋尾(十五等出仕)
府県	渡辺当一(熊谷県少属)　長島弘裕(静岡県十五等出仕)　山田楽(名東県中属)

※『掌中官員録』(明治7年刊, 西村組出版局) より作成. 沼津兵学校・同附属小学校教授, 資業生のほか, 軍事掛職員, 沼津病院医師等を含む.

たした役割、田辺が岩倉《いわくら》使節団に加わるなど明治の外交にも従事したこと、杉が国家による統計調査の主唱者となったことなど、彼らが幕府時代以上に活躍を見せたことは贅言《ぜいげん》を要しないであろう。

工兵と砲兵

若き資業生《しぎょうせい》や附属小学校生徒の出身者は、新たな進路を切り開いていったことになるが、その能力の発揮場所となった官公庁には彼らならではの特徴が表れていた。

最も人数が集中したのは陸軍であるが、とりわけ兵科では工兵である。最後の資業生六三名が工兵

図40　黒田久孝
沼津兵学校教授から陸軍中将・男爵・東宮武官長となった

に編入されたこともあるが、それ以外の者でも工兵を専門とする場合が多かったのである。日清戦争では第一軍工兵部長として鴨緑江《おうりょっこう》架橋で戦功《せんこう》をあげた矢吹秀一《やぶきしゅういち》、日清では第二軍、日露戦争では第四軍の工兵部長をつとめた古川宣誉《のぶよし》は、ともに中将にまで昇進した。また、陸地測量部には、製図課長・地形課長をつとめた早川省義（少将）を筆頭に、実に多くの資業生出身者が入っており、明治の地図作りを推進した。

兵科としては砲兵になるが、造兵や要塞《ようさい》分野での功労者も少なくない。大築尚志《おおつきたかゆき》（中将）はその筆頭であるが、三等教授方だった黒田久孝《くろだひさたか》（中将）・間宮信行《まみやのぶゆき》（中佐）・永持《ながもち》明徳（同前）・万年千秋《まんねんちあき》（少佐）も砲兵科だった。大築は砲兵本廠《ほんしょう》提理として陸軍造兵の基礎作りを行い、間宮は同副提理などをつとめた。黒田は海岸防禦《ぼうぎょ》体制の整備に取り組んだ。資業生出身者からも、陸軍士官学校に進み工科大学で造兵学を講じた秋元《あきもと》盛之（砲兵大佐）、同じく陸士や陸軍大学校で教鞭《きょうべん》をとった天野富太郎《あまのとみたろう》（砲兵中佐）ら秀才が出ている。

築城本部長をつとめた村田惇（中将）は田中義一《ぎいち》とともに陸軍きってのロシア通として知られた。

内務省と開拓使

測量や地図作製は、陸軍以外でも沼津兵学校出身者が最も力を発揮した分野であった。明治ヒトケタ代から一〇年代にかけ、大蔵省─内務省─農商務省に在職し、地理寮・地理局で測量・地図作製に従事した一群がいる。塚本明毅・榊綽《さかきゆたか》・浅野永好・鈴木重固・新井秀徳・大川通久・浜田晴高・赤井親善・野口昇・小林秀一・塩野谷景光《しおのやかげてる》らである。沼津で教え学んだ測量・製図の技術を活かしたに違いない。

そして、さらなる一団が開拓使に奉職した人々である。沼津兵学校・沼津病院から開拓使に出仕した者には、関大之・山田昌邦《まさくに》・函館大経《ひろつね》・石橋俊勝《としかつ》・小林省三・野口保三・野沢房迪《ふさみち》・奈佐栄《なささかえ》・水野秋尾・吉田泰正・溝口《みぞぐち》善補・根岸定静《さだちか》・近藤義尚らがいるが、その多くが北海道での三角測量《さんかくそくりょう》に従事した。特に関大之は荒井郁之助《いくのすけ》とともに北海道での測地事業を指導した人物として知られ、野沢・奈佐・溝口らとともに最初の成果『北海道石狩川図』（明治八年）を刊行している。

なお、海軍のほうの測量に関しては、伴鉄太郎（少佐）が水路寮製図課長・水路局副長

図41　野沢房迪
第４期資業生で，開拓使で測量事業に携わった（沼津市明治史料館蔵）

図42　奈佐　栄
第５期資業生で，開拓使や陸地測量部で地図作りに従事した

をつとめたほか、中川将行《まさゆき》・伊藤直温が大技士として携わっている。海軍に進んだ者は多くはないが、その中では造船・機関・水路など、陸軍同様技術系の分野で足跡を残した者が際立っている。江田島の海軍兵学校で教鞭をとった三《さん》羽《ば》烏《がらす》、永峰秀樹・荒川重平・中川将行らも数学を武器とした沼津兵学校出身者の典型であった。

数学教師の供給源

沼津兵学校出身者の進出先は中央官庁に限られない。具体的に言えば、学制にもとづき各地に設立されるようになった小学校、さらにはその教員を養成するための学校で教えた者が多かった。地元静岡県は当然として、それ以外の県に対しても同様であった。特に群馬県は沼津兵学校出身の数学教師が集中した場所として知られる。そのようすをある出身者は、以下のように述べている。

当時筆算《ひつさん》は沼津が一手専売《せんばい》の有様にて、沼津は各地に数学教員を供給してゐた。殊《こと》に、群馬県は大得意先にて、我も我もと、相競ひて、高崎、前橋等へ赴きたるは、イスラ、イト人が、ケナンの地に向ふが如くなりき。何となれば、彼等は十円の優俸を以て、迎へられたればなり。当時、月額十円は、実に優俸であつた。浜松県などは、態々《わざわざ》、属吏を派して教員を招致せしめた事があつた、故に沼津小学校も一時は師範《しはん》学校の観があつた（金城隠士「沼津時代の回顧（九）」『静岡民友新聞』大正二年八月一四日）。

金城隠士《きんじょういんし》の証言は裏付けられる。実際、群馬県（第一次）―熊谷県―群馬県（第二次）では、教員養成のための小学教員伝習所《でんしゅう》―暢発学校《ちょうはつ》―群馬県師範学校に、野口保三・愛知信元・大平俊章・志村貞鋭・松岡馨《かおる》・加藤義質・水野勝興・木部決・杉山義利・川住義謙・滝野寿茂・佐藤義勇・志村力《しむらつとむ》ら、実に多くの沼津兵学校資業生・同附属小学校生徒出身者を採用しているのである。先に就職した者が次々と知人を誘い入れたと考えられる。愛知は『筆算教授次第』（明治八年）、杉山は『和洋対比算法新書』（一〇年）といった教科書を熊谷・前橋で刊行しており、地域での洋算普及に貢献した（大竹茂雄「群馬における明治時代初期の数学教師」『群馬文化』第二一二号、一九八七年）。

維新をまたいだ出世街道

洋学知識や実務・技術を身に付けた者たちは、そもそも幕末期に低い身分から引き上げられた存在であり、明治政府出仕後の経歴も、能力を武器に地位上昇を目指すという流れの延長にあった。先祖代々の武士でない、百姓・町人身分を出自に持つ者は一層その思いが強かったようだ。ここでは静岡藩軍事俗務方頭取として沼津兵学校の管理部門に勤務した高藤三郎《たかとうざぶろう》という人物を例にとってみよう。

高は、伊豆《いず》国君沢《くんたく》郡戸田《へだ》村（現沼津市）の名主《なぬし》をつとめる豪農勝呂《ごうのうすぐろ》家に生まれた。嘉永《かえい》二年（一八四九）駿府《すんぷ》町奉行《ぶぎょう》三好大膳《みよしだいぜん》に仕官した後、安政《あんせい》二年（一八五五）二八歳の時、幕府の御家人《ごけにん》高家の養子となった。事務的能力とともに立身への強い意欲を持っていた彼は、以後、箱館奉行下調役公事方《くじがた》兼帯《けんたい》、御徒目付《おかちめつけ》、神奈川奉行支配調役、大坂《おおさか》奉行支配組《くみ》頭《がしら》と順調に出世を続け、慶応《けいおう》三年（一八六七）には永々御目見以上と心得るべき旨が申し渡された。ついに旗本《はたもと》になったのである。彼は、出世するたびに故郷の父や兄・甥《おい》たちに手紙で知らせを送っている。たとえば、文久《ぶんきゅう》元年（一八六一）の手紙は、一筆啓上仕り候、然《しか》らば私儀、一昨廿八日堀出雲守殿御差図ニ付き、御城へ罷《まか》り出で候処、御徒目付仰せ付けらる旨、焼火之間において若年寄衆御列座、御同人より仰せ渡され、有り難き仕合に存じ奉り候、右御吹聴《ふいちょう》申し上げ度、かくの如く御座候、恐惶謹言

十二月晦日　　　　　　　　　　　　高藤之進忠典（花押《かおう》）

勝呂弥三兵衛様　余人々御中

といった具合である。故郷へのうれしい知らせは、明治政府に仕えてからも途絶えることはなかった。次に紹介するのは明治一四年（一八八一）のものである。

一筆啓上仕り候、然らば私儀、去ル十八日大蔵少書記官に任ぜられ、有り難く存じ奉り候、右御吹聴申し上げ候、恐惶謹言

明治十四年七月廿日　　　　　　　　　高藤三郎

勝呂務様

勝呂弥三兵衛様

沼津兵学校の教授・生徒を見渡したとき、武士の家に生まれた者であっても、低い身分の者が少なくない。また、津和野《つわの》藩出身の西周、佐倉藩出身の大築尚志、津藩出身の榊綽、

福山藩出身の杉亭二らは陪臣《ばいしん》から取り立てられた者である。自身が高禄の旗本であった場合でも、父祖の代までさかのぼれば決して高い身分にいたわけではない者もいる。その意味において彼らの人生に維新《いしん》による断絶はなかったといえる。

在野に生きる

沼津兵学校関係者の進路は、官公庁だけがすべてではない。在野《ざいや》に生きた人々が一方にいたことを見落とすことはできない。彼らの存在こそ、輩出《はいしゅつ》した人材の豊かさを証明している。まずは、教育界に足跡を残した者たちである。

私学の教育者たち

先に一覧表（表8）に示したように、生徒の進学先には官立の学校以外に私学・私塾も少なくなかった。また、自ら東京で私塾を開いた者もいる。資業生《しぎょうせい》出身者で具体例をあげれば、千種顕信《ちぐさあきのぶ》（仏学・数学）、高橋成則（英数）、岡《おか》敬孝（英数漢、以上明治六年開塾）、松山温徳《よしのり》（読書・数学、七年）、西尾政典《にしおまさのり》（英数漢）、大平《おおひら》俊章（数学、以上八年）、神津《こうづ》道太《みちた》郎《ろう》（数学）、小野沢敬之（英数国漢、以上九年）、浜田晴高《はまだ》（数学、一〇年）、堀江当三《ほりえとうぞう》（数学、一二年）らである。兵学校時代に習得した洋算・英仏学などを今度は自らが教えたわけである。彼らが東京府に提出した開業願には、沼津兵学校で学んだ履歴が誇らしげに記された。一例をあげれば以下のごとくである。

私学開業願

一　学校位置　東京府下第四大区拾小区牛込矢来町壱番地堀江当三宅

一　舎　名　暢進舎

一　履　歴

静岡県士族　堀江当三

明治十一年六月二十五ケ年

明治二年一月ヨリ同五年五月迄静岡藩沼津小学兵学両校ニ於テ洋算英学漢学洋画等修業、同月出京、同八月ヨリ同十年十二月迄静岡県士族陸軍工兵科大尉小宮山昌寿江従ヒ洋算修業、惣計九ケ年間洋算研究仕候

一　学　科　洋算（以下略、『東京教育史資料大系』第三巻所収）

私塾で学ぶこと、あるいは私塾で教えることは、官立学校に入るまで、官職に就くまでの猶予《ゆうよ》期間だったとみなされる場合が多いが、決してそうではない者もいる。官に頼るよ

りも民間の力を重視する、福沢諭吉《ふくざわゆきち》流の考え方を持つ教育者が生まれたのである。設立者や校長として長く私立学校での教育に携わった者としては、麻布《あざぶ》中学校（現麻布学園）の江原素六《えばらそろく》、共立《きょうりつ》女子職業学校（現共立女子大学）の宮川保全《みやがわやすのり》が代表であろう。ほかにも、私学の設立・経営に深く関与した人物として、西周《にしあまね》（独逸《ドイツ》学協会学校＝獨協《どっきょう》大学）、島田《しまだ》三郎《さぶろう》・田口卯吉《たぐちうきち》（明治女学校）、石橋絢彦《あやひこ》（工手学校＝工学院大学）、成瀬隆蔵《なるせりゅうぞう》（商法講習所＝一橋大学）らの名前をあげることができる。

実業家

維新がもたらした身分制度の否定は、経済活動にも士族の進出を促し、近代的な意味でのビジネスマンがその中から生み出されることとなった。富《ふ》国強兵《こくきょうへい》・殖産興業《しょくさんこうぎょう》を民間側で推し進める役割の多くも彼らの「士魂商才《しこんしょうさい》」が負ったのである。

旧幕臣《ばくしん》出身の実業家といえば、渋沢栄一《しぶさわえいいち》や益田孝《ますだたかし》が著名なところである。沼津兵学校出身者にも渋沢や益田の人脈が見られる。第一期資業生で西周の愛弟子《まなでし》だった佐々木慎思《しんし》郎《ろう》は、東京海上火災保険会社や第一銀行の重役になり、実弟勇之助は渋沢の後を継ぎ二代目の第一銀行頭取をつとめた。当人たちの没後のことであるが、佐々木慎思郎と渋沢栄一の孫同士は結婚している。また、福井藩からの員外生で西周の育英舎にも学んだ津田束《つかね》

図43　笹瀬元明
第4期資業生で，官吏辞職後は三井物産ロンドン支店長となった

は、敗戦による窮乏《きゅうぼう》の中、他藩から援助された米一〇〇俵を元手に学校をつくり、教育に未来を託したという、「米百俵」のエピソードで有名な長岡藩が設立した長岡洋学校で英語を教えた後、第一銀行や東京海上火災保険に勤務した。

山田昌邦は、戊辰《ぼしん》時榎本《えのもと》艦隊の美加保《みかほ》丸遭難を教訓として東京製綱《せいこう》株式会社を創立、先輩である渡部温を社長に戴き、自らは支配人となって日本最初のロープ製造会社を育てた。同社創立には赤松則良・渋沢栄一・益田孝らも協力している。明治三二年（一八九九）文部省訓令第一二号（ミッション・スクールに対する宗教教育禁止）によって存立《そんりつ》の危機に立った麻布中学校に対し、その移転・新築に協力を惜しまなかった一人が山田である。江原素六―山田昌邦という沼津の人脈が学校存続に大きな力となったのであり、後に山田は同校の理事にも就任している。渡部は東京瓦《ガ》斯《ス》会社や横浜船渠《せんきょ》会社の創立にも関わり、英学者から実業家へと華麗《かれい》な転身を果たした。

三井物産につとめた資業生出身者としては、笹瀬《ささせ》元明・人見《ひとみ》留三郎がおり、社長益田孝の下、笹瀬はロンドン、人見は大阪の支店長をつとめている。人見は、瓜生外吉《うりゅうそときち》（後の海軍大将）に、婚約者であった最初の女子留学生の一人永井繁子を横取りされたという逸話の持ち主。繁子は益田孝の実妹であった。

また、経済官僚ともいうべき者には、日本銀行監事になった三田信《さんだただし》、日本勧業銀行（現みずほ銀行）監査役になった水野勝興、第百銀行副支配人になった窪田勝弘らがいる。

技術者

工部大学校に進学した石橋絢彦《あやひこ》（土木科）・永井久太郎（鉱山科）・臼井《うすい》藤一郎（機械科）・新家孝正《にいのみたかまさ》（造家科）・真野文二（機械科）・田辺朔郎《さくろう》（土木科）・小田川全之《まさゆき》（土木科）ら七名は、沼津兵学校・同附属小学校出身者の中では群を抜く理工系の秀才だったといえる。石橋は土木工学・灯台《とうだい》建築の権威、臼井は海軍造船大監、新家は華族《かぞく》女学校・農商務省・逓信《ていしん》大臣官邸などを設計した建築家、真野は機械工学の専門家で九州帝国大学総長、田辺は琵琶湖疏水《びわこそすい》の建設者、小田川は足尾銅山《あしおどうざん》技師・古河財閥《ふるかわざいばつ》重役として、それぞれ業績を残した。永井は、

図44　新家孝正

辰野金吾らとともにコンドルに学んだ日本人西洋建築家の第一世代

永井（瓜生）繁子の義兄であるが、横浜商法学校（現横浜市立横浜商業高等学校）の草創期に英語教師をつとめ、後年鉱山経営を行ったことがわずかに知られる。永井・臼井を除く五名は工学博士となっている。

しかし、沼津兵学校が生み出した人材には、彼らのようなトップレベルの技術者だけでなく、すでに紹介した陸地測量部や内務省等で測量・土木などに従事した、多くの中級技術者がいた点を押さえておく必要がある。

学問と啓蒙

幕末の洋学者がそのまま明治の学界創始者となったという意味では、哲学や統計学の先駆者《せんくしゃ》たる、西周《にしあまね》・杉亨二《こうじ》がもっとも学者と言うにふさわしい存在であろう。二人は明六社《めいろくしゃ》に加盟し、津田真道《まみち》・中村正直《まさなお》ら静岡学問所の人材とも顔をそろえ、文明開化をリードする啓蒙《けいもう》運動を行った。同時期、明六社とは一味違う知識人の結社に洋々社《ようようしゃ》があったが、その社員となり機関誌『洋々社談』に投稿した者には、石橋好一《こういち》・大川通久・岡敬孝・中川将行《まさゆき》ら沼津兵学校教授・資業生出身者がいた。岡は編輯《へんしゅう》兼印刷人でもあった。漢学者の比重が高かったとされる洋々社であるが、石橋らはいずれも洋学系知識人として啓蒙的な論陣《ろんじん》を張《は》った。

文明開化期において西洋知識を盛り込んだ多くの訳書・編著を刊行した点も沼津兵学校

出身者の特徴である。西・杉以外にも著作を持つ者は少なくない。文部省などからの委託を受けた仕事として乙骨《おつこつ》太郎乙《たろうおつ》・石橋好一・薗鑑《そのかん》ら英学者は教育関連の翻訳書を刊行している。数学書では、陸軍士官学校で教鞭《きょうべん》をとった神保長致《じんぼながむね》、海軍兵学校で教鞭をとった真野肇らがそれぞれ陸軍・海軍から教科書を刊行しているほか、教師になった者以外でも個人として訳書・編書を出している例が多い。洋算《ようさん》書の需要は多く、沼津出身者はちょっとしたアルバイト気分でも本を出せば売れたようだ。島田三郎は、まだ武藤重之《むとうしげゆき》と名乗っていた明治六年（一八七三）、沼津での同級生塚原靖《しずむ》と共編で『算海《さんかい》方針』という書籍を出版している。高名な政治家も、得意な数学を武器に小遣いを稼ぐ青春時代を送っていたわけである。

西洋学問の総合的紹介者としては、西周や福沢諭吉が果たした役割にはとても及ぶものではないが、ある意味において「何でも屋」ともいうべき啓蒙書の多産家がいた。勝海舟に直訴し資業生から海軍兵学寮（のち兵学校）の数学・英語教官に転じた永峰

図45　岡　敬孝
第4期資業生で，『洋々社談』編輯者や『郵便報知新聞』記者になった

図46　永峰秀樹
明治31年（1898）撮影，開化期の多くの著作で知られる英学者

秀樹は、『富国論《ふこくろん》』（明治七年）、『支那事情』（同年）、『欧羅巴《ヨーロッパ》文明史』（七～一〇年）、『開巻驚奇暴夜《アラビヤ》物語』（八年）、『物理問答《ぶつりもんどう》』（八～九年）、『智氏家訓《ちしかくん》』（同年）、『代議政体』（八～一一年）、『経済小学家政要旨』（九年）、『筆算教授書』（一一年）、『興産教授農学初歩』（一二年）、『官民議場必携』（一三年）、『訓訳英華字典』（一四年）、『博物小学』（一五年）といった訳著書を出した。また、第七期資業生だった松井惟利は、経歴不詳の人物であるが、『西洋塵劫《じんこう》記』（明治五年）、『単語篇諺解《げんかい》』（七年）、『小学入門諺解』（八年）、『小学物理新誌』（九年）、『開化年中行事』（同年）、『地誌略字引』（一〇年）、『通俗全体新論』（一一年）、『官用簿記例題』（一二年）、『帝国人民必要文例』（一四年）、『改正巡査職務心得』（同年）、『東照宮《とうしょうぐう》一代記』（一四年）、『大日本国立銀行便覧』（一六年）等々、実に多種多様な著作を持つ。二人とも文明開化の申し子ともいうべき著作家だった。

博士の学位を得た者には、先に紹介した工学博士五名の他、田口卯吉（法学博士）・渡瀬庄三郎（理学博士）・榊俶《さかきはじめ》・榊順次郎・荻生録造《おぎゅうろくぞう》（以上医学博士）らがいる。本格的な学者である彼らの学問的業績については省略する。なお、学位を取った者ではないが、員外生出身の清野勉は、哲学館や真宗大学で講じ、多数の論文・著書を持つ。日本における論理学の大成者と位置づけられるほか、『標註韓図《カント》純理批判解説』（明治二九年刊）は、カントの学説を紹介した先駆書として知られる。沼津での教え子、それも地元平民出身者であった清野が、西洋哲学の導入者西周の衣鉢《いはつ》を受け継いだといえるのである。

文学と美術

資業生出身の塚原靖（渋柿園《じゅうしえん》）は新聞記者から歴史小説家となり、多くの作品を世に送った。三等教授方だった中根淑《きよし》は、自身も漢詩・漢文の優れた作者であったが、出版社金港堂《きんこうどう》につとめ、文芸雑誌『都《みやこ》の花』を創刊し、『金港堂小説叢書』の編集を担当するなど、明治二〇年代の文壇《ぶんだん》を支えた。

文学を職業とした者は決して多くないが、趣味として詩歌《しいか》・書画を嗜《たしな》んだ人物は多い。たとえば、明治一〇年代に刊行された『明治文雅姓名録』・『改正増補明治文雅都鄙《とひ》人名録』などには、田辺太一（蓮舟《れんしゅう》）、立田頴信、久須美祐利《くすみすけとし》（花北）、川上冬崖《とうがい》、藤沢次謙《つぐよし》らの名前が載る。とりわけ、田辺太一は、漢詩文が盛況となった明治一〇年代以降、杉浦梅《ばい》潭《たん》・向山黄村《むこうやまこうそん》らとともに詩壇《しだん》を代表する旧幕臣名士だった。晩年を迎えた明治末・大正

図47　久須美祐利
陸軍を退いた後は，双柳園晩香と号し，俳句の宗匠として余生を送った

期にも、乙骨太郎乙・山本淑儀・神保長致《ながむね》・野沢房迪《ふさみち》・川口嘉《よしみ》ら沼津兵学校出身者らと昔社《せきしゃ》という結社をつくり、気心の知れた仲間と漢詩を楽しんだ。公人の立場においては洋学にもとづく近代志向の仕事を行った彼らであるが、私人としての趣味の世界では、江戸の香りを明治に伝える役割を果たしたのである。

画家として美術界に名を残したのは川上冬崖である。彼が沼津兵学校に在職したのはきわめて短期間だったが、彼の存在は、資業生の学科に図画が置かれ、教職員にも絵図方が配置された大きな一因だった。蕃書《ばんしょ》調所以来の西洋画研究は、美術というよりも軍事技術としての製図・測量・写真等であり、沼津で正式な位置づけがなされたことは重要な意味を持っていた。上京後の川上の動向については美術史の諸書に委ねたいが、沼津に残った彼の洋画仲間としては榊綽《ゆたか》（篁邨《こうそん》）・藤沢次謙（梅南《ばいなん》）がいた。榊と藤沢は、沼津移住旧幕臣を甥に持つ河鍋暁斎《かわなべきょうさい》とともに、渡部温《おん》が翻訳・刊行した『通俗伊蘇普《イソップ》物語』（明治六

〜八年）の挿絵《さしえ》を描いている。二人は決して画業を本職としたわけではないが、幕末以来の先駆者《せんくしゃ》としての経歴から、洋風画の歴史に一ページを残した。

総じて沼津兵学校は、軍事・行政のみならず、経済や学問・技術といった多様な分野でも日本の近代化を支えた人材を輩出《はいしゅつ》したということになる。それも官民両面への供給である。西周が「追加掟書《おきて》」で目論《もくろ》んだ軍人以外の人材養成は、長い目で見れば実現したといえるのかもしれない。

神に仕えたサムライたち

静岡バンド

民間で活躍した沼津《ぬまづ》兵学校出身者を紹介した中であえて落としたグループがある。それがクリスチャンとなった人々である。牧師《ぼくし》・神父《しんぷ》になった者が多いわけではないが、平《ひら》の信徒であっても、その一群は説明を別にするだけの意味があると考えたからである。明治のプロテスタント史を説明する上で必ず引用されるものに、「精神的革命は時代の陰《かげ》より出づ」（『基督《キリスト》教評論』）という山路愛山《やまじあいざん》の言葉がある。植村正《うえむらまさ》久《ひさ》・井深梶之助《いぶかかじのすけ》らの出自《しゅつじ》を示し、明治のキリスト教界の指導的人物には、旧幕臣や会津《あいづ》藩士《はんし》といった維新《いしん》に敗れた佐幕《さばく》派側の者が多いことを指摘している山路であるが、彼自身静岡移住旧幕臣だったことからもわかるように、静岡藩士、とりわけ静岡学問所や沼津兵学校の関係者にはキリスト教に入った者が少なくない。主要な人物については表11に示した。

静岡学問所に招かれたアメリカ人教師E・W・クラークがプロテスタントの最初の種を蒔《ま》いた。その後任として着任したカナダ人教師マクドナルドの感化により、生徒の中から最初の受洗者《じゅせん》一一名が出たのは、明治《めいじ》七年（一八七四）九月のことだった。マクドナルドは、東京のカクランとともにカナダ・メソジスト教会の日本布教の先駆《せんく》である。すでに上京していた中村正直《なかむらまさなお》は、カクランから洗礼を受けた。静岡学問所の関係者から広まった信仰の輪はやがて静岡や東京を拠点に広がっていく。静岡の信者の中からは伝道《でんどう》活動に従事し、牧師になるものも輩出《はいしゅつ》した。彼らは、明治キリスト教界の中で一定の地位を占め、横浜・熊本・札幌《さっぽろ》で生まれた一団と並び、静岡バンドと称されることとなった。

沼津兵学校の人脈も、静岡バンドの一角を形成する。すなわち、沼津兵学校附属小学校の後身である沼津中学校に英語教師として招聘《しょうへい》されたカナダ人宣教師ミーチャムにより、明治一〇年（一八七七）校長江原素六《えばらそろく》、教師中川《なかがわ》喜重・末吉択郎《すえよしたくろう》らが洗礼を受けたのである（『沼津教会百年史』一九七七年）。江原は兵学校設立の立役者の一人、中川・末吉は資業生《しぎょうせい》の出身だった。

表11　キリスト教各派と所属した旧幕臣

宗　　派	沼津兵学校関係者	静岡学問所関係者	その他旧幕臣
日本基督教会(←アメリカオランダ改革派教会・アメリカ長老教会・スコットランド一致長老教会)	鈴木重固・島田三郎・田口卯吉・真野文二・小田川全之	杉山孫六・竹尾忠男・木村熊二	植村正久・篠崎桂之助・戸川残花・原胤昭・奥野昌綱・下曽根信守
日本組合基督教会			須田明忠
札幌独立教会	渡瀬寅次郎・渡瀬庄三郎・(佐久間信恭)		宮部金吾
美以教会(アメリカ・メソジスト監督教会)		生島閑	古川正雄
南美以教会(アメリカ南メソジスト教会)		坂湛	
カナダ・メソジスト教会	江原素六・中川喜重・末吉択郎・浅川広湖・結城無二三・黒川正・和田正幾・相磯格堂	山中笑・露木精一・佐藤顕理・村松一・松田定久・中村正直	平山愃保・土屋彦六・山路愛山・原野彦太郎・今井信郎・益田鳳・杉山正治
日本美普教会(メソジスト・プロテスタント教会)		大儀見元一郎	
日本バプテスト教会			小林健次
日本聖公会	池谷学	田村初太郎・島田弟丸	山縣与根二・飯田栄次郎
天主公教会(カトリック)			鈴木龍六・鈴木経勲・中山興・殿岡復禄
日本ハリストス正教会(ロシア正教)	鈴木範衛・鈴木次郎		白井音次郎・山田熊蔵・馬場民則

資業生出身でただ一人牧師となった者がいる。横浜でカクランと知り合い英語を学び、東京で中村正直らとともに洗礼を受けた浅川広湖《ひろみ》である。彼は宣教師イビーを助け甲府《こうふ》で伝道にあたった。山中笑《えむ》（共古《きょうこ》）・平岩愃保《よしやす》らとともにカナダ・メソジスト教会最初の日本人牧師となったのは一四年（一八八一）のことである。浅川の人脈は、結城無二三《ゆうきむにぞう》らを信仰へと導き、山梨県を静岡県と並ぶカナダ・メソジスト教会の隆盛地とすることにつながった。結城は甲州出身で、甲陽鎮撫隊《こうようちんぶたい》（新選組）に加わった後、沼津兵学校附属小学校の生徒になっていた経歴を持つ。

江原素六と島田三郎

江原素六は、大正《たいしょう》期（一九一二～二六）にいたるまでクリスチャンの有力政治家・教育者として、教会内でも重きをなした。資業生出身の政治家島《しま》田三郎《だ さぶろう》は、植村正久から受洗した人であるが、廃娼《はいしょう》運動・足尾鉱毒《あしおこうどく》問題など社会的弱者の救済に取り組み、進歩的姿勢を貫いた経歴は、江原と共通するものだった。偶然にも、政界とキリスト教界をつなぐ名士となった二人の存在は、良質の在野《ざいや》精神を獲得した沼津兵学校出身者を代表している。

江原は自由党―憲政党《けんせいとう》―立憲政友会《りっけんせいゆうかい》、島田は立憲改進党《りっけんかいしんとう》―進歩党に属し、互いに政見を異にした。明治三四年（一九〇一）政友会の領袖《りょうしゅう》星亨《ほしとおる》が刺殺された際、同党の腐敗《ふはい》を攻

図48　江原素六
大正期に至るまで旧幕臣の長老であり，キリスト教界の名士だった

図49　島田三郎
田口卯吉と並ぶ沼津兵学校資業生出身の有名人

撃していた島田や田口《たぐち》卯吉《うきち》らは殺害犯人伊庭《いば》想太郎《そうたろう》（明治初年沼津で乙骨太郎乙・中根淑に学んだ経歴を持つ旧幕臣）を弁護する立場をとったが、星の盟友だった江原はもちろんそうではなかった。

しかし、島田は明治三一年（一八九八）二月、総選挙にあたり、静岡県の進歩党党友にあてた書簡の中で、「江原素六氏ハ小生少年沼津ニ於《おい》て教育を受けたる時期、同氏ハ学校創立者之一人にて教務を総管スル者之列ニ居り候に付、小生《しょうせい》親く教を受たること無之《これなく》候へ共、名分上小生ハ門人之列に相当り申候」と述べ、江原の対立候補の応援演説を断っている。熱い闘志を持った政治家島田も、先輩・恩師としての江原には遠慮したのである。互いを尊重し理解するための基礎には、共通する沼津時代の思い出と神への信仰があった。政治活動よりもキリスト者としての行動において、一致するところが多かったのは当然である。

信仰に生きた旧幕臣

なお、沼津兵学校関係者には、札幌農学校でクラーク博士の薫陶《くんとう》を受けた渡瀬寅次郎《わたせとらじろう》・庄三郎兄弟など、他の宗派に属した者も少なくない。静岡バンドや沼津兵学校出身のクリスチャンは、英語学習で得た西洋に関する予備知識、外国人との接触機会、俗世での立身《りっしん》を阻まれた境遇といった、士族知識人をキリスト教に結びつける諸要件を満たしていたところに誕生した典型例といえよう。

そのような条件は何もプロテスタントに限ったものではなかった。現に沼津移住旧幕臣の中からは、幕末期のフランス語学習の延長でカトリックに入信した者が存在したし、ロシア正教に関しても静岡・清水地域では旧幕臣が先導者となっている。

さらに視野を広げれば、キリスト教以外の宗教家となった旧幕臣の存在に気付く。神道《しんとう》大成《たいせい》教を創始した平山省斎《せいさい》はその代表である。真宗大谷《しんしゅうおおたに》派に帰依《きえ》し同派の静岡別院創建に力を尽くした宮原木石《みやはらぼくせき》（静岡学問所教授）の名も挙げておきたい。

沼津兵学校出身者では、まず神道系として、明治四年正月平田国学者権田直助《ごんだなおすけ》に入門した鵜沢光先（直太郎、兵学校俗事生徒）がいる。静岡学問所と違い学科に国学（和学）がなかった沼津兵学校出身者としては珍しい存在であるが、彼についてはそれ以上のことは不明である。次に紹介したい人物に、大原幽学《おおはらゆうがく》の教えである性学《せいがく》（性理《せいり》学）を学び、横浜語学所・沼津兵学校・静岡学問所等で磨いたフランス語の知識を捨て、反文明志向の信仰生活を送った伊藤隼《はやと》（兵学校調馬方《ちようばがた》）がいる。さらに、陸軍士官学校の数学教官をつとめた後、淘宮術《とうきゆうじゆつ》に心酔《しんすい》、観相《かんそう》・占いや精神修養によって独特な神秘的世界に足を踏み入れた細井均安（第五期資業生）の名を挙げることもできる。彼らにも、キリスト教を受容した者たちと共通する、満たされない俗世を脱し、精神世界にこそ真実の価値を見出そうという衝動があったと考えられるが、西洋的なものを捨て去ったその後の思想遍歴《へんれき》からは、さらに屈折《くつせつ》したものを感じる。しかし、西洋近代の有効性を身をもって知った沼津兵学校出身者の中ではあくまで少数派であった。資業生の高松寛剛・早川省義《あきよし》兄弟は、幕府から弾圧された大原幽学を庇護《ひご》したことで知られる御家人《ごけにん》高松彦七郎・彦三郎を祖父・父に持つが、そろって陸軍軍人の道を歩み、父祖とは違い性学には近づかなかった。

地域・民衆とともに

地元への遺産

明治五年（一八七二）五月、沼津兵学校は消え去ったが、附属小学校のほうは姿を変え生き残った。江原《えばら》素六《そろく》らの努力により、学制による公立小学集成《しゅうせい》舎として存続し、さらに同校変則科は沼津中学校へと発展したのである。駿東《すんとう》郡・富士郡を管轄《かんかつ》する学区取締に就任した江原は、六年（一八七三）一月、沼津・沢田・長窪《ながくぼ》・厚原《あつはら》・蓼原《たではら》・大宮・万野原《まんのはら》といった士族集住地の既存の小学校を軸とした設置計画を県に申請し、藩立《はんりつ》小学校のスムーズな再生・継続を図った。集成舎変則科や沼津中学校では、兵学校時代にはできなかった外国人教師の招聘《しょうへい》も行い、新時代の教育要求に応えようとした。

沼津病院も杉田玄端《げんたん》が存続に力を尽くし、会社組織を経て駿東郡の経営となり、駿東病院と名を変え地域医療の核として維持された。

集成舎・沼津中学校の教師、駿東病院の医師には、沼津兵学校・沼津病院時代から勤続した者もいた。中川喜重・末吉択郎のように、編入された教導団を脱し舞い戻って就職した者もいる。小学校・中学校は、数学・英語などの教科で、同時期の他地域にはない充実した教育内容を誇り、兵学校の遺産が十分活かされたといえる。人材の多くが去り、灯が消えたようになったことも否めないが、その余韻《よいん》は今しばらく残ったのである。

刺激を受けた平民層

沼津兵学校の存在は、地域の庶民たちにも文化・教育面での刺激を与え、廃校後もそれは続いた。たとえば、沼津宿本陣《ほんじん》の当主間宮喜十郎《まみやきじゅうろう》は、兵学校附属小学校に学んだ後、同姓の誼《よしみ》から元沼津兵学校教授の陸軍軍人間宮信行《のぶゆき》を身元保証人として明治六年（一八七三）慶応義塾に遊学した。沼津在駿東郡上石田村（現沼津市）の豪農《ごうのう》の子井口省吾《いぐちしょうご》（後の陸軍大将）も附属小学校生徒だったが、西周《にしあまね》の紹介状によって中村正直《なかむらまさなお》の同人社《どうじんしゃ》に入塾した。駿河国志太郡（現焼津《やいづ》市）出身の医師多々羅梅庵《たたらばいあん》と駿東郡獅子浜《ししはま》村（現沼津市）の村医植松幸慶《うえまつこうけい》（行恵《こうけい》）は、沼津病院で修業していたが、政府の大阪病院長に徴《ちょう》された沼津病院医師篠原貢堂《しのはらこうどう》（直路）に随従《ずいじゅう》し、大阪でも師事《しじ》を続けた。平民《へいみん》身分ながら沼津病院医師に採用されていた佐野寛道《さのかんどう》は、息子貢を大学東校に入学させている。兵学校関係者の出京は、地元平民層の遊学熱を惹起《じやっき》したといえる。

「沼津版」の出版は、兵学校がなくなった後も地元の書店から新たな書籍を生み出す原動力となった。東京で再版された『筆算訓蒙《ひっさんくんもう》』の売捌元《うりさばきもと》にもなった沼津上土町の書肆《しょし》尚古軒《こけん》（小松浦右衛門《こまつうらえもん》・浦吉《うらきち》）は、明治六年（一八七三）自ら『洋算二一天作《ようさんにいちてんさく》』という洋算書を刊行した。小学校・中学校教師として残留した兵学校出身者も、尚古軒・擁万堂《ようまんどう》といった地元書店から教科書・参考書類を多数出版している。兵学校は出版文化の面でも地域に贈り物を残したのである。

都市民権派

学校・病院という組織が丸ごと残されたのみならず、個々の人的遺産はさらに多様な分野に散らばった。教師としては、沼津以外の静岡県内各地の中学校・師範《しはん》学校・小学校・私塾などで教育に従事した者がいるし、県の属官や郡長・区戸長となり行政に携わった者もいる。残留士族のリーダーとしての江原素六は、士族授産・殖産《しょくさん》興業を目指し経済活動も行った。とりわけ、彼が導入をはかった西洋の牧畜法は、兵学校時代の知識や人脈が反映されたものであった。教育や行政・経済といった分野での活動は、旧身分を超え地域民衆との一体感を醸成《じょうせい》していくことになった。明治一〇年代に燃え盛《さか》った自由民権運動は、そんな気運を一気に高めた。

沼津兵学校出身者と自由民権運動との関わりといえば、東京で華々しい言論・政治活動を行った島田三郎《しまださぶろう》と田口卯吉《たぐちうきち》である。旧幕臣としての先輩沼間守一《ぬまもりかず》による嚶鳴《おうめい》社の結成《けっせい》に参加した二人は、やがて官吏《かんり》の立場から野《や》に飛び出すことになる。大蔵省翻訳局に集まった島田・田口らの動向は、官庁内の翻訳・洋学教育機関が民権結社や新聞と結び付いた典型的な事例である（鈴木栄樹「開化政策と翻訳・洋学教育―大蔵省翻訳局と尺振八《せきしんぱち》・共立学舎―」、山本四郎編『近代日本の政党と官僚』東京創元社、一九九一年）。藩閥《はんばつ》政府の末端に位置しながらも開明《かいめい》的な立場を取り、民間活動に積極的に参加した彼らは、ちょうど理系では東京数学会社に参加した陸海軍の数学教官らと対をなす、文系の沼津兵学校出身開明派官吏であったといえよう。

首都東京で活動した都市民権派ともいうべき存在には、島田・田口以外にも、島田から『横浜毎日新聞』編輯《へんしゅう》長を受け継ぎ、後に『東京日日《にちにち》新聞』に転じた塚原靖《しずむ》（渋柿園《じゅうしえん》）、讒謗律《ざんぼうりつ》によって成島柳北《なるしまりゅうほく》らとともに投獄《とうごく》された『郵便報知新聞』記者岡敬孝ら、資業生出身者のジャーナリストがいる。慶応義塾に進学した資業生《しぎょうせい》成瀬隆蔵《なるせりゅうぞう》（正忠）も、福沢《ふくざわ》諭吉《ゆきち》が始めた三田演説会《みたえんぜつかい》に参加していた。

そもそも民権派ジャーナリズムの一源流として、戊辰《ぼしん》時に佐幕《さばく》の論陣を張った『中外《ちゅうがい》新聞』があるが、その発行を行った開成所洋学者《かいせいじょ》による自主的グループ、会訳社《かいやく》には、渡部温《おん》・石橋好一《こういち》・薗鑑《そのかん》といった後に沼津兵学校教授となる連中がいた。反政府的言論人のルーツには、兵学校の教授から生徒へと通じる流れがあったのである。

静岡の自由民権運動

沼津に民権の風をもたらしたのは、嚶鳴社で島田・田口らとともに行動していた沼津の平民出身の代言人角田真平《かくだしんぺい》である。明治一三年（一八八〇）一月沼津に帰省した角田は、演説結社の設立を誘いかけ、観光社という結社が誕生した。同社には、名和謙次《なわけんじ》・山田大夢《だいむ》・末吉択郎・土戸翼忠ら沼津兵学校出身の旧幕臣が加盟し、豪農商出身の社員たちとともに盛んに演説会・討論会を開いた。社員ではないものの江原素六もたびたび弁士となっている。

当時沼津中学校の漢文教師だった名和は、生徒にも民権論を広め、観瀾社《かんらんしゃ》という社名を命名、演説結社を組織させた。沼津中学校には、「兵学校より集成舎を経て伝へ来《きた》つた一種の気風は完全に保持され、潑溂《はつらつ》たる活気校の内外に満ちてゐた」（米山梅吉『幕末西洋文化と沼津兵学校』一九三四年）という。ちなみに、名和が編集し、沼津の書店から刊行した

『修身訓蒙』には、中国や欧米に例を引きながらも、君主専制の批判、人民の革命権肯定に通じる記述があったため、後に当局から改版を強制されている。巻之上の「致知」という項目中の一節を例として紹介しよう。

修正前（『修身訓蒙』明治一一年刊）

支那ニテハ古来ヨリ、法教ノ為メ人命ヲ損セシコトナシ、然レドモ智識ノ開ケザルヨリ、善心反テ悪行トナリ、身ヲ殺シ、人ヲ害セシ者、甚ダ多シ、殊ニ秦漢ヨリ以来、君権ヲ盛大ニスルノ説、一般ノ痼疾トナリ、暴君虐主ノ為メニ、奔走駆馳シテ、其身命ヲ抛《なげう》ツヲ以テ、忠節ト誤認スル者、枚挙スルニ暇マアラズ、愍然《びんぜん》ノ至リト謂《い》フ可《べ》シ

修正後（『改正修身訓蒙』明治一四年刊）

支那ニテハ、古来ヨリ、法教ノ為メ、人命ヲ損セシコトナシ、然レドモ、亦《また》己レノ信スル所ニ僻スルヨリ、妄《みだ》リニ他教ヲ指シテ、異端邪説トナシ、甚シキニ至テハ、威力ヲ以テ圧制スルコト、唐ノ武宗ガ、仏寺ヲ毀《こぼ》チテ、僧尼ヲ還俗《げんぞく》セシメ、元ノ世祖ガ、儒者ヲ貶《へん》シテ、俳優ノ下ニ列セシガ如キ、永ク行ハレザルノミナラス、笑ヲ千歳ニ貽《のこ》スコト、愍然ノ至リナリ

名和は漢学者であったが、兵学校以来の同僚洋学者たちを通じ、民権思想を学んだので

あろう。

明治一四年には『沼津新聞』という新聞も発行され、民権期の言論活動を担ったが、その二代目編輯長となった喜多山《きたやま》正誼は、資業生出身の旧幕臣だった。

沼津の近隣でも民権運動に関わった出身者がいる。石井至凝《みつなり》は、徳島藩への御貸人《おかしびと》や大阪兵学寮貢進生《こうしんせい》の引率者となった古株の資業生だった人物だが、当時静岡県にもどり田方《たがた》郡仁田《にった》村（現函南《かんなみ》町）の小学校で教鞭《きょうべん》をとっていた。一四年石井は北伊豆《いず》の豪農たちと名を並べ、北豆《ほくず》社（涵養《かんよう》社）と称する民権結社を結成した。静岡中学校・師範学校で教鞭をとった元資業生中川喜重・辻芳太郎らは、明治一二年設立の県内最初の演説結社参同社に参加している。

静岡県の民権運動において、士族＝旧幕臣が果たした役割は小さくない。激化事件のひとつ静岡事件は、旧幕臣の活動家が首謀《しゅぼう》者になっていた。しかし、静岡県改進《かいしん》党・岳南《がくなん》自由党といった政党に結集した者は少ない。高知県のような士族あげての盛り上がりが見られなかったわけであり、旧身分集団として結束することはなく、その政治力はきわめて弱小なものにとどまったといえる。

遺臣から国民へ

旧幕臣の親睦と育英

資業生《しぎょうせい》の出世頭《しゅっせがしら》の一人島田三郎《しまださぶろう》は、「沼津の兵学校で外国語を学んだが、教師は蘭学から英語に移った先生であるから、私の英語は返り点を附けて読むが如き古型の教育を受けたのである」(『鴻爪痕《こうそうのあと》　前島密《まえじまひそか》伝』前島会、一九五五年)と自嘲《じちょう》的に回顧しているが、沼津で受けた教育に誇りを持っていたことも間違いない。

沼津旧友会と四両会

資業生を中心とした出身者は、明治九年(一八七六)以来東京で親睦《しんぼく》会を開き、仲間意識を維持した。その集まりを沼津旧友会という。四三年(一九一〇)に解散するまで五〇回以上にわたって開かれた。

明治四一年(一九〇八)五月一〇日には、東京向島《むこうじま》の八百松楼で謝恩会が開かれ、八二

図50　明治41年５月10日の謝恩会

沼津兵学校のOBが勢ぞろいした記念写真（沼津市明治史料館蔵）

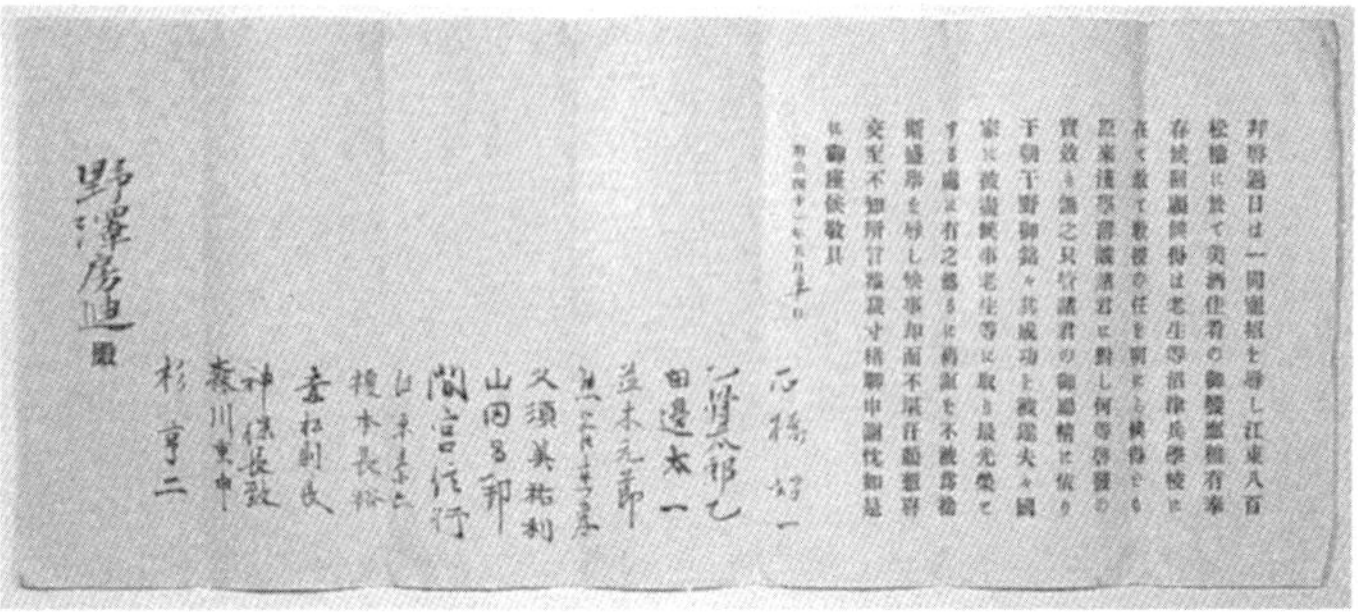

図51　謝恩会に対する元教授連名の礼状（沼津市明治史料館蔵）

歳の杉亨二《こうじ》を筆頭《ひっとう》に一四名の恩師を招待し、三七名の元資業生が参集した。開催の趣意書《しゅいしょ》には、「御同様少壮鋭猛の気を以てＡＢＣ１２３と目下小学児童の学ふ所を学ひたるは沼津兵学校なり、其学ふ所は小学児童と同しけれども其意は同しからさるものあり、同しく師といひ弟といふも啻《た》だ技を伝へ芸を習ふのみの師弟にあらす、一片の正気は其間を貫きて磅礴《ほうはく》たるものあり、故に其情の厚き其愛の深き父子の如く兄弟の如く忘れんと欲して終身忘るゝ能《あた》はさるものあるは蓋《けだ》し沼津兵学校師弟間を一貫せる特状ならん」とあり、学恩に対する至情にあふれていた。最初で最後の盛大な同窓会だった。その日の記念写真が残るが、いずれも功なり名遂げた者の顔である。

時の流れとともに生存者も減り、親睦会の開催は少なくなるが、その一方で明治末期からは、永峰秀樹《ながみねひでき》・荒川重平《あらかわしげひら》・矢吹秀一《やぶきしゅういち》らが中心となり、四両会《しりょうかい》という同窓会が新たにつくられ、大正《たいしょう》期（一九一二〜二六）まで活動している。資業生が毎月四両ずつの学資を支給されていたことを記念した命名である。

旧交会・同方会・葵会

沼津旧友会は、旧幕臣の親睦《しんぼく》団体としては例外的に早く設立されたものだったといえる。明治ヒトケタ代まで、旧幕臣の多くは、生活はまだ不安定であり、親睦どころではなかった。一〇年代に入ると、官途《かんと》に就いた者もそれなりの地位を得、生活にも余裕が出てきた。民権論の高揚《こうよう》などを背景に、薩長政府に対する遠慮も要らなくなった。まず静岡県内では、明治一六年（一八八三）に静岡県士族同胞会という団体が組織された。同会は親睦を目的としたが、各地に支部を置き、生活用品の共同購入や勧工場の経営なども行った。

一方、東京で旧交会という親睦団体が生まれたのは一七年（一八八四）のことである。会員から徴集《ちょうしゅう》した会費は死亡者への弔慰金《ちょういきん》や被災者への見舞金に使われたほか、毎年正月千駄ヶ谷《せんだがや》の徳川邸に年賀に赴くなどの活動を行った。会長は山岡鉄舟《てっしゅう》・関口隆吉《たかよし》・榎《えの》本武揚《もとたけあき》が歴任、二八年時点で会員数は九三一名に達した。終身特別会員四名中には山内勝明・川口嘉《よしみ》、特別会員四三名中には江原素六《えばらそろく》・赤松則良《あかまつのりよし》・戸張胤邦《とばりたねくに》・新家孝正《にいのみたかまさ》・深谷周《ふかやしゅう》三《ぞう》ら、沼津兵学校関係者が含まれた。

次に二八年（一八九五）に誕生したのが同方会である。「旧幕臣タリシモノ、子孫」を会員にし、「智徳《ちとく》」の研磨《けんま》と「交誼《こうぎ》」の親密化を目的に、雑誌『同方会誌』を発行した。同誌には、会の活動や会員の動向が伝えられただけでなく、旧幕時代の歴史に関する史料・論稿が多数掲載された。明治三四年時点で会員数二九六名、会長は榎本武揚・林董《ただす》・江原素六と続いた。賛成員五八名中には、江原・田辺太一・赤松則良・山田昌邦《まさくに》・川口嘉・

須藤時一郎・古川宣誉《のぶよし》・島田三郎・荒川重平・矢吹秀一・早川省義《あきよし》・田口卯吉ら沼津兵学校関係者が名前を出していた。赤松の息子範一は幹事として昭和期まで長く会を支えた。

同方会よりも遅く明治末年に創立されたと思われるのが葵《あおい》会である。やはり幕臣とその子孫を会員に、旧交を温め、懇親を目的とした。大正九年（一九二〇）時点で会員数五五〇名。当時会頭（長）江原素六の下、副会頭（二名）には山口勝・西紳六郎《しんろくろう》、評議員（三三名）には島田三郎・三田佶《ただし》・成瀬隆蔵・瀬名義利・深谷又三郎ら沼津兵学校・同附属小学校出身者が名を連ねていた。

碧血会《へっけつかい》は箱館《はこだて》戦争参加者の戦友会であり、沼津兵学校関係者では山田昌邦が会員に加わっていたことが知られる。

旧交会・同方会・葵会・碧血会は、徳川家の慶事《けいじ》などには必ず祝賀《しゅくが》に参上するなど、旧主と旧臣とをつなぐ求心力として機能し続けた。どの団体でも沼津兵学校出身者は重要な地位に就いており、明治・大正期に名士となった成功者が多かったことを裏付けている。平岡芋作《うさく》は徳川宗家の家令《かれい》、江原素六は家政相談役、山口勝（兵学校附属小学校出身の陸軍中将）は徳川慶喜の孫慶光《よしみつ》の傅育《ふいく》主任をつとめてもいる。

図52　明治13年（1880）の旧幕臣出身陸海軍学校生徒
中列右から２人目加藤定吉（沼津兵学校附属小学校出身，のち海軍大将，沼津市明治史料館蔵）

静岡育英会と育英黌

親睦だけを目的とした団体とは違い、育英を目標に掲げた旧幕臣団体が生まれたのも明治一〇年代である。一八年（一八八五）七月に結成された静岡育英会である。旧幕臣の子弟の進学を奨励すべく、学資金の貸与を行ったほか、大正九年（一九二〇）には東京千駄ヶ谷に明徳《めいとく》寮という寄宿寮を開設、静岡出身学生の便宜《べんぎ》をはかった。明治二三年（一八九〇）時点で会員は五一三名（うち東京在住三〇〇名、静岡在住六〇名）、会長は赤松則良—榎本武揚—赤松—平山成信と続いた。大正六年（一九一七）からは会長の上に総裁徳川家達《いえさと》を推戴《すいたい》したほか、奨学金貸与の対象を旧幕臣の子弟だけでなく静岡県人や旧幕府に縁故《えんこ》ある者にまで拡大し、太平洋戦争中まで存続した。

明治一八年新聞紙上に発表された設立発

起人四六名中、沼津兵学校出身者は実に二〇名を占めた。初代会長には赤松則良、副会長には大築尚志《おおつきたかゆき》と、兵学校出身者を代表する陸海将官二人が就任している。二三年時点の会員中でも、沼津兵学校出身者は九六名を占めた。

静岡育英会は明治二四年（一八九一）に普通科と農商科を持つ私立学校を開設した。育英黌《こう》と名付けられた同校には、教師のほか、講師や補助という名目で多くの支援者が集まった。幹事兼教師に真野肇《はじめ》が就任したほか、講師には石橋絢彦《あやひこ》・小田川全之《まさゆき》・渡瀬寅次郎・田辺朔郎《さくろう》・真野文二、補助には江原素六・赤松則良・田辺太一・山本淑儀・矢吹秀一・天野富太郎・成瀬隆蔵ら沼津兵学校出身者が名を連ねた。初代黌長になったのも沼津兵学校三等教授方から陸軍砲兵中佐となった永持明徳《ながもち》であった。

静岡育英会と育英黌に果たした沼津兵学校出身者の役割は大きい。彼らは、学校教育というものの恩恵に浴した先駆《せんく》的存在だった。だからこそ、自らも同郷の後進たちを導くべく育英事業に熱心に協力したのである。

旧幕臣は、「個人的にして共同団体の精神に乏しきがゆえに、また概して野心少なく平和の生活を好む」（鳥谷部《とやべ》春汀《しゅんてい》「旧幕の遺臣」）とか、「他府県人に比して地方的感情に欠乏せるは著明なる事実とす」（『同方会誌』一八）と当時評された。官界や陸海軍などでは薩《さつ》長《ちょう》藩閥《はんばつ》に匹敵《ひってき》する勢力がありながら、閥としての団結力に欠けていたというのが一般的な見方であった。しかし、親睦や育英というレベルでは、そこそこのまとまりを維持したのであり、中でも沼津兵学校出身者はその中核をなしていたといえる。

歴史の見直し

戊辰戦没者の慰霊

戊辰《ぼしん》の戦いで死んだ者のうち、官軍《かんぐん》の戦死者は靖国《やすくに》神社に神として祀《まつ》られた。しかし、賊軍《ぞくぐん》とされた旧幕府側の死者が国家の手で祭祀《さいし》されることはなかった。当初は敗戦に打ちひしがれていた旧幕臣たちであったが、やがて時間の経過とともに、無念の最期《さいご》を遂げた父兄・旧友たちの慰霊《いれい》を要求するようになった。

明治三年（一八七〇）鹿児島藩に御貸人《おかしびと》として招かれた阿部潜《せん》は、同藩士市来四郎《いちきしろう》が、戦国時代島津義久《しまづよしひさ》・義弘《よしひろ》が敵方伊東氏の戦死者を供養《くよう》したことに倣《なら》い、戊辰戦争の幕府側戦没者の慰霊碑を建立すべく募金を始めようとしたことに対し、感激の涙を流したという

(『鹿児島県史料　忠義公史料　第七巻』鹿児島県、一九八〇年)。静岡藩内でも、一二年七月「嗚呼《ああ》忠勇壮烈」云々と刻んだ窪田備前守《びぜんのかみ》(泉太郎《せんたろう》)の墓石が、一二年九月静岡の宝泰《ほうたい》寺に美加保《みかほ》丸遭難者のための「壮士之墓」が、一三年四月沼津の本光寺に戊辰戦没者の「愍忠《びんちゅう》碑《ひ》」が建てられるなど私的な動きはあったが、静岡藩当局が大っぴらに慰霊を行うことはできなかった。戦死者の遺族や戦友だった者は少なくなかったが、彼らの思いが十分に満たされることはなかった。

各地で旧幕府側戦死者を対象にした慰霊が本格化するのは廃藩後、それも政府による許可が下りた明治七年(一八七四)以降のことである。明治八年(一八七五)碧血《へっけつ》碑(函館《はこだて》)、九年近藤《こんどう》勇《いさみ》・土方歳三《ひじかたとしぞう》碑(板橋)、一三年(一八八〇)遊撃隊《ゆうげきたい》供養碑(箱根)、一五年(一八八二)美加保丸遭難者碑(銚《ちょう》子《し》)、二一年(一八八八)殉節両雄之碑(高幡不動《たかはたふどう》)、二四年(一八九一)

図53　壮士之墓(静岡市・宝泰寺)

基台に刻まれた建立者の氏名には沼津兵学校資業生永井当昌・赤井親善が含まれる

中島君招魂碑《しょうこん》(浦賀《うらが》)といった具合である。静岡県内では、一七年(一八八四)再建慰忠碑(沼津・本光寺《ほんこうじ》)、一八年(一八八五)東軍招魂之碑(静岡・臨済寺《りんさいじ》)、一九年(一八八六)壮士墓(清水港《しみずこう》)、二〇年(一八八七)咸臨艦《かんりんかん》殉難諸氏紀念碑(静岡・清見寺《せいけんじ》)などが建てられている。

沼津兵学校関係者にも戊辰の殉難者を身内に持った者は少なくない。附属小学校生徒出身の英語学者佐久間信恭《さくまのぶやす》は、鳥羽《とば》・伏見《ふしみ》で戦死した養父佐久間近江守信久の墓石を菩提寺《ぼだいじ》(東京都新宿区・全勝寺《ぜんしょうじ》)に建て、以下のような碑文を刻んだ。

府君諱信久幼字寅之助先太夫諱信好嫡子太母君堀越氏家世仕幕府君以天保六年乙未未
厳生稟性精敏善演武技安政年間西人有不協之処或恐犯辺君奉命従演武殿教頭下曽根先
生出関防守沿海等地至元治元年甲子補両番兼別手組頭取改方赴京師守衛禁内継屢遷職
慶応三年丁卯正月補歩兵頭叙近江守同十二月為歩兵奉行升秩三千石明年正月之変君督
部下出為羽戦終敗犒乏紀州同廿六日為傷痍斃于三井寺乃葬寺們牛眠之地兮将遺髪恭埋
本地不食之域倶得抔土窀穸可安永世宜祭以重不朽嗚呼為士者臨難不顧以死報恩固宜無
憾然亦不得不謂之不幸也若使府君在今盛世則必別有所為矣悲哉不肖信恭業継痤屍未得
銘刻今也朝廷大仁賜赦有天下無罪於是始塋其墓焉

明治八年四月日　不肖男佐久間信恭泣血謹誌

（要約：佐久間信久は慶応三年歩兵頭から歩兵奉行に進み、翌年鳥羽・伏見の戦争を指揮したが、敗戦後紀州において戦傷がもとで死去した。もしも亡父がこの盛代にあったら必ずや業績を残したであろう。今回朝廷から大赦をいただいたので、不肖信恭が墓石を建てた。）

慰霊とともに、遺族への扶助《ふじょ》も問題とされた。明治一〇年代か、竹村正路・乙骨太郎《おつこつたろう》乙《おつ》・山田昌邦《まさくに》の三名は連名で沢太郎左衛門・荒井郁之助《いくのすけ》にあて、旧榎本脱走艦隊に参加し宮古《みやこ》湾海戦で戦死した回天《かいてん》艦乗組員大塚波二郎《おおつかなみじろう》の老母扶助のための醵金《きょきん》を依頼する手紙を送っている（東京都立中央図書館・渡辺刀水旧蔵諸家書簡）。幕府海軍関係者として同じ出身者に協力を仰いだらしいが、発起《ほっき》した竹村ら三名は沼津兵学校の出身者でもあった。沼津で同じ釜の飯を食ったという経歴は、他の用件で行動する際にも強い接着剤となったようだ。

撒兵《さっぺい》隊を率い下総《しもうさ》で新政府軍と戦った江原素六《えばらそろく》は、部下だった資業生出身・陸軍中将古川宣誉《のぶよし》とともに、大正期に至るまで毎年四月三日の戦死者法要を欠かさなかったという。

佐幕派史観

徳川家が名誉回復し、旧幕臣が復権して社会的地位を高めるにつれ、明治維新は薩長が達成したものとする、一方的な歴史の見方にも見直しが迫られることになった。明治二二年（一八八九）八月二六日、江戸時代への懐旧《かいきゅう》の情から結成された文化団体江戸会などが首唱して、東京開市三百年祭が開催された。委員長には榎本《えのもと》武揚《たけあき》、委員には前島密《まえじまひそか》・渋沢栄一《しぶさわえいいち》・益田孝《ますだたかし》・沢簡徳・外山正一《とやままさかず》・矢野二郎・田口卯吉《たぐちうきち》ら旧幕臣の名士が顔をそろえた。沼津で少年時代を送った田口も東京市会議員・市参事会員になっていた。現在の東京の発展が江戸の遺産の上にあること、ひいては徳川幕府の恩恵であることを何のはばかりなく訴えることができた機会だった。その翌年七月、江戸会が関係し、栗本鋤雲《くりもとじょうん》らが発起人となり上野で開催された尚徳古物展覧会では、多くの旧大名・幕臣らが自家に伝来した徳川家ゆかりの資料を展示したが、沼津兵学校出身の真野肇《まのはじめ》も、先祖真野勘兵衛正世が一六歳で大坂冬の陣に参陣した際東照公から拝領した楯《たて》をはじめ、旗・軍扇《ぐんせん》・甲冑《かっちゅう》といった家宝を出品している。

島田三郎が『開国始末』を刊行し、井伊直弼《いいなおすけ》を開国の功労者として評価したのは、明治二一年（一八八八）である。以後、福地桜痴《ふくちおうち》『幕府衰亡論』（明治二五年）、田辺太一『幕末外交談』（三一年）など、佐幕《さばく》派史観ともいうべき、幕府側からする歴史書・雑誌の発刊が多く見られるようになる。憲法が発布《はっぷ》され国会も開設され、薩長藩閥政府は相対化された。歴史に対する客観的評価も可能となる時代状況にあった。

戸川残花《ざんか》が編集を担当し明治三〇年（一八九七）から三四年（一九〇一）まで発行された雑誌『旧幕府』は、まさに幕府側からの史料・史実を紹介するための機能を担った。明治三二年（一八九九）六月設立の旧幕府史談会は、例会を開き、古老から旧幕時代の談話を聞き取り、それを『旧幕府』誌上に掲載した。その発起人は田辺太一・中根淑《きよし》・島田三郎・田口卯吉・坪井正五郎であり、沼津兵学校出身者が主導していたといえる。旧幕府史談会の会員や『旧幕府』の賛助者には、他にも江原素六・赤松則良《のりよし》・山田昌邦・宮川保《やす》全《のり》・荒川重平・三田佶《ただし》・松山温徳《よしのり》・向山慎吉・小田川全之《まさゆき》・安原金次ら沼津兵学校出身者が多かった。同方会が発行した『同方会誌』も『旧幕府』と同様の機能を担った。大正四年（一九一五）に設立された江戸旧事采訪《さいほう》会とその機関誌『江戸』も同じである。首唱者は平山成信《なりのぶ》・三田佶・今泉雄作・町野五八《まちのごはち》・塩谷時敏《しおのやときとし》の五名であり、世代交代は避けられないものの、まだ資業生の生き残りとして三田が名を連ねていた。

最後の陸軍奉行松平太郎の同名の息子松平太郎が著した『江戸時代制度の研究』（大正八年）という名著がある。現在でも江戸幕府の制度史研究には欠かせない文献であるが、同書刊行には資料提供者・談話者などとして江原素六・島田三郎・石橋絢彦《あやひこ》・古川宣誉・真野肇ら沼津兵学校出身者が力を貸していた。松平が彼らに協力を仰いだのは、単に旧幕臣の名士だったからではなく、歴史に対する強い関心・愛着を持っていたことを知っていたからであろう。

日露戦後、明治三九年（一九〇六）には史談会が殉国志士英霊弔慰《ちょうい》会を挙行し、翌年『戦亡殉難志士人名録』を刊行するなど、「一視同仁」「公平不偏」の立場から、かつて朝敵《ちょうてき》・賊徒《ぞくと》・叛臣《はんしん》とされた者をも広く国事殉難《じゅんなん》者として顕彰《けんしょう》する活動が活発化した。もはや、佐幕史観派の健闘というよりも、不動の明治国家体制下での国民の一体化を証明しているといえよう。

青春の記念碑

親睦会の結成、後進の育成、戊辰戦没者の慰霊、歴史書の出版など、現在・過去・未来すべてに関わる旧幕臣の諸活動において沼津兵学校出身者は大きな比重を占めた。彼らこそ明治の旧幕臣を代表する存在であったといっても過言ではないだろう。その彼らが自らの歩みを歴史の中に位置づけるべく造ったのが沼津兵学校記念碑である。旧主徳川家達に題額を揮毫《きごう》してもらい、銘文は中根淑の撰、書は大川通久の手になる。江原素六・間宮信行らが発起《ほっき》人となり、かつての教職員・生徒等百六十余名から寄付を仰ぎ、明治二七年（一八九四）八月七日沼津町（現沼津市）の東照宮境内《けいだい》（現城岡《しろおか》神社）に建設された（『静岡民友新聞』明治二七年八月一四日）。実現はしなかったものの、二六年（一八九三）に配布された趣意書では、東京の上野公園を模した駿東《すんとう》小公園の設置や東照宮修築もセットで計画しており、沼津城跡全体をモニュメントとするはずだった。

その記念碑建立の翌年、日本は日清戦争に勝利した。一〇月、同方会が開催した陸軍中将矢吹秀一の凱旋《がいせん》歓迎講演会において、島田三郎は沼津時代の同窓生の戦功《せんこう》を称えるとともに、「徳川氏が倒れて駿河に大名となつてからも文武の政を奨励した結果は無駄ではなかつた、矢吹君の征清の役に緊要なる仕事を成効したのは其本《そのもと》は沼津の教育が預《あずか》つたことと思ふ」（『同方会報告』第一号）と沼津兵学校の意義を強調した。一二月八日には東京の徳川邸

図54　沼津兵学校記念碑

図55　田口卯吉

を会場に「旧幕並静岡県出身陸海軍将校諸氏凱旋《がいせん》歓迎会」が開かれた。やはり出征《しゅっせい》し戦功を上げた元沼津兵学校教授黒田久孝陸軍少将は、凱旋軍人代表としての答辞において、戦勝は「日本男児の気魄《きはく》と三河《みかわ》武士の精神」の発揚《はつよう》であると述べた。同方会による祝辞にも、「今や諸君は関東武士の後裔《こうえい》を以て　天皇陛下の忠臣たり」「昔日の関東武士に非《あら》すして日本帝国の男児たり」とあった。旧幕臣たちが、徳川の家臣から天皇の臣民、日本の国民となったことを実感した瞬間だったといえよう。

明治三五年（一九〇二）六月徳川慶喜は公爵に列せられ、完全に名誉を回復した。その祝賀の席上、田口卯吉は、「明治政府の建設的事業に於て（中略）力を致したる人々を数へて見ますと、私は是れは徳川氏の子弟が実に多いと云ふことを云つて些《いささか》とも差支へないと思ふ」、「維新の変に於て多く人を殺さずして、静岡藩がよく子弟を教育することに意を向けることが出来たので、其源を考へますれば、慶喜公が朝廷に対して平和に此天下を奉《ほう》還《かん》せられた結果と云ふより外ないのである」（『同方会誌』二四）と述べ、やはり明治の国家建設に果たした徳川家と旧幕臣の役割を自賛した。

明治ナショナリズムの高揚は、旧幕臣たちに国家の一員として自らの歩みへの誇りを自覚させたのである。

旧幕臣にとっての近代――エピローグ

第二の故郷

四年に足りないわずかな期間であったが、駿河《するが》の地で過ごした時間は、移住した旧幕臣たちにとって、瓦解《がかい》のショックを癒《いや》し、再起するまでの準備期間となった。江戸にいた頃に比べ生活は辛く厳しかった。しかし、能力に恵まれた沼津兵学校関係者にとっては、この地での勉学が後の活躍のエネルギーとなった。第二の故郷は、若き日の美しい思い出となり彼らの脳裏《のうり》に焼きついたに違いない。田口卯吉《たぐちうきち》も「静岡を以て第二の故郷と思惟《しい》するものなり」と後年述べている。

静岡県からの日清《にっしん》戦争出征《しゅっせい》軍人の履歴をまとめた『日清交戦静岡県武鑑』（佐野小一郎編・明治二九年刊）という本がある。駿東《すんとう》郡沼津町の部には渡辺英輿（陸軍工兵中佐）・海《かい》津《づ》三雄（工兵少佐）・森川重申（砲兵少佐）・大塚庸俊（工兵少佐）・桑島忠孝（陸軍一等獣医）、同郡大岡村の部には馬淵《まぶち》正文（砲兵少佐）、同郡楊原《やなぎはら》村の部には永嶺源吉《ながみねげんきち》（砲兵大佐）・岡部長民《ながたみ》（砲兵大尉）ら、沼津兵学校出身将校が掲載されている。彼らのほとんどが住まいは東京であり、静岡県には本籍を残していただけだと思われるが、維新《いしん》期の移住地とのつながりはまだ維持されていたのである。もちろん、子孫の中には現在でも沼津市に本籍を残している方もいる。

筆者は、これまで本書の中で、沼津という場所の地理や環境について紹介する暇がなかった。そこで、ここでは改めて、沼津病院頭取杉田玄端《げんたん》の子で、兵学校附属小学校に学んだ履歴を持つ杉田盛《さかり》の筆を借り、その自然景観を描写してもらおう。彼は、移住時にはまだ幼かったが、しっかりとその思い出を六〇年後（昭和五年）に書き残したのである。

沼津の地は、北に愛鷹《あしたか》山がありて其後方から富士の高根が半分顔を出して居り、南は駿河湾に面し海浜には数里に亘《わた》る松原ありて之を千本松原《せんぼんまつばら》と称す、西は原、吉原の両駅を経て富士川の急流あり、其街道と愛鷹山の間に富士沼のなごりが存在して居る、東は狩野《かの》川といふ川ありて町を界し、遠くは三島を経て箱根連山を望見し、近くは香《か》貫《ぬき》山、鷲津《わしづ》山などの丘陵《きゆうりよう》が起伏して恰《あたか》も箱庭の様な景色のよい土地である、気候もよし、水利もよし、只冬《ただ》から初春にかけて毎日風の強いのが欠点である（中略）千本松原から東方狩野川を渡り湾に添ふてゆくと我入洞《がにゅうどう》、獅子浜《ししはま》、牛伏《うしぶせ》、江の浦などゝいふ所ありて向岸伊豆半島の連山を眺め誠に風景よく、晩春、初夏、此海浜で魚介を漁《あさ》り、岩壁によじのぼるなど、少年時代実に愉快であつた（杉田盛「六十年回想記ヨリ抜萃」）。

杉田が描写した内容は、基本的には現在も変わらない。

美しく穏やかな自然環境とは裏腹の、激動の維新期に生まれ消えていった沼津兵学校である。ありきたりの結論となるが、その意義をまとめれば以下のようになるだろう。

沼津兵学校の歴史的意義

まず、江戸幕府の文化的遺産、とりわけ幕末期に蓄積された洋学・軍事関係の人材や書籍・器械等を継承し、明治政府へバトンタッチする中継役を担ったこと。次に、新しい制度と内容を持つ学校教育制度を整え、明治政府のそれに先んじて実行したこと。そして、育成した生徒の中からも、幅広い分野にわたり国家・社会の指導的・中堅的存在となった多くの人材を輩出したことである。

狭い意味では、幕末の対外危機を背景に創始された幕府陸軍が、幕府崩壊とともに静岡藩の陸軍士官学校へと縮小・転化したのが沼津兵学校である。地方の一藩校にすぎなかったため全国的な展望を持ち得なかったことは当然であり、あえて兵卒を置かなかった点などにも、幕末以来の軍制改革との断絶や軍制史上の限界があったといえるが、系譜的にはまぎれもなく幕府陸軍の直系であった。また、昭和一四年（一九三九）に開催された沼津兵学校創立七十周年記念会で読み上げられた陸軍大臣板垣征四郎の祝辞が、「沼津兵学校ハ我カ陸軍士官学校ノ前身ニシテ、其頭取西先生ハ我カ陸軍兵学ノ創建者タリ」という一節から始まっていたことからもわかるように、併合された立場ではあるものの草創《そうそう》期における明治陸軍に対しても大きな存在であった。そういった意味では、帝国陸軍の一源流であるとも言える。近代日本の軍国主義化を薩長藩閥にすべて押し付けるのは正しくないし、旧幕臣出身者の中にも同じ役割を果たした者がいたであろう。

しかし、すでに見てきたように、普通学を基礎とした中等教育機関としての先進性、小学校制度の先駆《せんく》としての意味、軍人以外の多様な人材の輩出《はいしゅつ》といった、決して軍事面に限定されない意図や実態、成果を生み出したのであり、廃校後は出身者を通じて多様な側面から日本の近代化に一定の役割を果たすこととなった。そもそも、直接的な意味での明治維新の指導者、日本近代化の牽引《けんいん》役が武士・士族であったとすれば、最大の大名であった徳川家の家臣は他藩士に比べ最も人数が多かったわけであり、その中から人材が輩出したのは当然のことと言える。しかし、さらに沼津兵学校という濾過《ろか》装置を通すことにより良質で多才な人間を効率よく明治国家へ供給したのである。沼津兵学校は軍事史研究の対象から、より広い文化史、さらには社会史等々の研究対象たるべき広がりを持っている。

真の勝者・敗者は誰か

封建時代の主人公であった武士たちが近代社会の中でどのように転生していったのかについては、彼らが就《つ》いた職種によって次の四つの類型に整理される（園田英弘他『士族の歴史社会学的研究』名古屋大学出版会、一九九五年）。①官公吏・軍人、②新しい「生業《せいぎょう》」（教師・弁護士・技術者等）、③伝統的「生業」（農業・商業）、④無職。①と②こそが近代化の担い手であり、新時代の旗手《きしゅ》であった。本書で紹介してきた沼津兵学校の群像は、まさに①、②にあてはまる人々であり、解体されていった武士身分出身者の中でも最も恵まれた地位を獲得した存在ということになろう。旧幕臣としての彼らは、確かに政治的には明治維新の敗者であったが、社会的には旧来の地位を維持し、さらには高めた者も少なくなかったのである。

官僚・軍人として国家に忠誠を尽くした①と、在野《ざいや》にあって社会に貢献した②との間には、旧幕臣ならではの亀裂《きれつ》が生じた。敗者の意地を捨て明治政府に仕えた勝海舟《かつかいしゅう》や榎本《えのもと》武揚《たけあき》をターゲットにした福沢諭吉《ふくざわゆきち》の「瘠我慢《やせがまん》の説」（明治二四年執筆）は、②の立場からする①への批判であった。先に述べたように沼津兵学校は①を輩出した最たる人材集団であったが、決して官僚・軍人一色ではなく、江原素六《えばらそろく》や島田三郎《しまださぶろう》・田口卯吉《たぐちうきち》のごとき、民間の立場を貫いた典型的人物をも出したところに、薩長《さつちょう》政府に丸ごとではからめ捕られなかった多様性がある。同じ近代化を目指しながらも、権力からは距離を置いた彼らのような存在が社会の幅を広げたのである。④の無職とは、木村芥舟《かいしゅう》・高橋泥舟《でいしゅう》のように、維新後あえて職に就くことなく、俗世間から隠遁《いんとん》した生活を送った者のことであるが、その生き方自体に旧幕臣の意地が貫かれていたといえよう。

しかし、政治史や思想史からではなく、経済史・社会史といった側面から見てみると、より大きな断絶は①②と③の間にこそ生まれた。③は、能力・機会に恵まれず官職や近代的職業に就けなかった人々である。農業や商業で成功した者が皆無だったわけではないが、多くが没落士族といわれる境遇に追いやられた。静岡藩では、無役の藩士たちの授産《じゆさん》のため、各地に勧工所・勧業所・職業所といった施設を設け、内職の斡旋《あつせん》などを行った。廃藩《はいはん》後も静岡の町では、旧幕臣たちによって傘《かさ》張《は》り、畳の縁《ふち》作り、竹細工、漆器《しつき》作りなどが行われ、女性の中には針の師匠《ししよう》、琴の師匠、髪結《かみゆい》になった者もいた。貧しい士族の子弟は、上級学校への進学は難しく、県庁の給仕《きゅうじ》、看守《かんしゅ》、巡査《じゅんさ》などになるしかなかった（小山枯柴《こやまこさい》『維新前後の静岡』一九四一年）。僻地《へきち》の農村部に移住した者はもっと悲惨だった。少年の日、駿河国富士郡万野原《まんのはら》（現富士宮市《ふじのみや》）に移住した大田黒重五郎《おおたぐろじゅうごろう》（芝浦《しばうら》製作所を中興《ちゅうこう》した実業家）は、回想録の中で移住地のことを「落人部落《おちうど》」と言っているが、そこでの思い出は、粗末な住居に、自家製の粗末な食べ物・着物であり、江戸にいた頃とは別世界のような環境で苦労をする母の姿であった。折角《せっかく》もらった金禄公債証書を懐中《かいちゅう》時計や靴に換え、早々と資産を失っていく者、三〇〇軒あった長屋にだんだんと空き家が増え、やがて移住者が四散《しさん》していったことなども書き留められている（大田黒重五郎『思出を語る』、一九三六年）。彼の言葉を借りれば、「渦《うず》巻く時の流れに力なく職を求めて漂泊の旅から旅へと不安な影を追つて行かねばならな」かったのが、非エリートの士族であった。

維新の勝者であったはずの鹿児島・山口・佐賀の士族ですら、政府に入れなかった者たち、不満を抱く者たちは、反乱を起こし政治的にも社会的にも敗れ去ることによって、権力の座に着いた一握りの者たちとは乖離《かいり》していった。勝者の中にも敗者があり、敗者の中にも勝者があった。後者にあたる沼津兵学校の人材の裾野には、「敗者の中の敗者」が分厚く堆積《たいせき》していたはずである。

あとがき

沼津兵学校は、私にとって二〇年来のテーマである。学芸員として長く勤務した沼津市明治史料館が沼津兵学校を中心に展示を行う市立博物館だったからである。二〇〇一年沼津市を離れたが、現在もその研究テーマは変わらない。

プロローグに書いたように、本書は、石橋絢彦《いしばしあやひこ》「沼津兵学校沿革」、米山梅吉《よねやまうめきち》『幕末西洋文化と沼津兵学校』、大野虎雄《おおのとらお》『沼津兵学校と其人材』『沼津兵学校附属小学校』といった、先人たちの著作に続く概説書であることを意識した。当事者であった石橋、すぐ次の世代であった米山らにはその時代に生きた者にしかわからないものが見えていたはずであり、拙著がそれらを越えられたかどうかは怪しい。また、母校や郷土を愛する彼らの情熱は大変なものであった。しかし、少なくとも集めることができた史実や資料の量においては、はるか後世に生まれた著者のほうが有利だったわけで、その意味においてはかろうじて一歩先に踏み出せたのではないかと考えている。

思えば、二〇年前の沼津市明治史料館開館時、関係人物の情報や子孫・資料の所在に関しては、著名な人物についてわずかにわかっているだけだった。紹介したい人物の顔写真すら数えるほどしかなく、展示室はさびしいものだった。しかし、現在では有名・無名を問わず百数十名について判明し、各種情報が蓄積されている。毎年少しずつではあるが、新たな子孫が判明し、史料や史実が発見されてきたのである。

沼津兵学校研究においては、学校・藩当局の記録がほとんど残存しないため、個人が残した日記・書簡・履歴書といった史料に頼ることが必須であったが、学校自体を研究するだけでなく、輩出した人材の豊富さについて立証する意味でも個別人物の追跡は欠かせなかった。実は著者が一番やりたかったことは、それら一人一人の人物についての紹介である。知り得た限りにおいても、旧幕臣のその後には実に多種多様な人生があった。しかし、本書の限られた紙数では、それは十分にできなかった。この点については今後の自分の課題としたいと思っている。

本文中でも何度か触れたが、昭和一四年（一九三九）六月四日、沼津市において沼津兵学校創立七十周年記念会が開催された。主催組織の会長は沼津市長、仕掛け人は郷土史家大野虎雄だった。当日は来賓として徳川宗家当主・公爵徳川家達《いえさと》の子家正《いえまさ》が臨席したほか、兵学校附属小学校生徒出身者の生き残り真野文二《まのぶんじ》が記念講演を行った。招待され参列した中には、真野以外にも三名の附属小学校生徒出身者、教授・資業生等の遺族二三名が東京などから集まった。それから五〇年以上が経ち、著者は沼津市在職中、創立一二〇周年、あるいは一二五周年といった記念式典を開けないものかと考えたことがあったが、実現することはできなかった。非常時にあった昭和一四年に比べれば、平和な現代、もっと多くの遺族を招くことができたかもしれない。しかし、孫から曾孫、さらにその子へと世代交代が進むこれから、明治はますます遠い歴史時代となり、子孫の皆さんに一同に集まっていただくのは難しくなるだろう。せめて本書が、先祖の足跡を追想する機会を提供するという意味で、その代わりの役割を果たすことができれば幸いである。もちろん、一般の方々への広報・普及という点も含め、沼津市明治史料館が同じ機能、あるいはそれ以上の役割を担い続けてくれるだろう。

本書の執筆にあたっては、恩師田村貞雄先生からの勧めを受けた。また、古巣である沼津市明治史料館には当然のように協力をいただいた。そして、何よりも沼津時代以来、多くの資料所蔵者・提供者の皆さん、とりわけ沼津兵学校関係者のご子孫の方々には、多大などご協力をいただいてきたという前提がある。全員のお名前を挙げることはできないが、この場を借りて心より御礼申し上げる次第である。

なお、今回掲載させていただいた人物・資料等の写真、引用した史料は、筆者所蔵及び本文中に銘記したものを除き、以下の方々から提供いただいた。荒川鐵太郎、石橋誠一、坂井修、笹瀬タツエ、柴喜友、勝呂安、鈴木温子、田口親、田中和子、永井裕、新家孝信、函館悦子、堀田義之、万年成泰、箕輪信和、山口渚（順不同・敬称略）。末筆ながら改めて感謝申し上げたい。

二〇〇五年八月

樋口雄彦

主要参考文献

＊文中に載せたものなどは一部省略した

伊東圭一郎『東海三州の人物』静岡民友新聞社、一九一四年
石橋絢彦「沼津兵学校沿革」(一)〜(八)・補遺、『同方会誌』三八〜五〇、一九一五〜二〇年(大久保利謙監修『同方会誌』〈復刻版〉第六〜八巻、立体社、一九七八年)
江原素六『急がば廻れ』東亜堂出版、一九一八年
江原先生伝記編纂会委員編『江原素六先生伝』三圭社、一九二三年
永峰春樹『思出のまゝ』私家版、一九二八年
米山梅吉『幕末西洋文化と沼津兵学校』三省堂、一九三四年
大野虎雄『沼津兵学校創立七十周年記念会誌』私家版、一九三九年
大野虎雄『沼津兵学校と其人材』私家版、一九三九年(復刻版、安川書店、一九八三年)
大野虎雄『沼津兵学校附属小学校』私家版、一九四三年(復刻版、安川書店、一九八三年)
沼津市誌編纂委員会『沼津市誌』中巻・下巻、沼津市、一九五八〜六一年
大久保利謙編『西周全集』第二巻・第三巻、宗高書房、一九六二〜六六年
橋尾四郎「静岡藩における近代学校の成立過程—大学規則並中小学規則との関連を中心として—」『教育研究』第33号、静岡県立教育研修所、一九六六年
今泉源吉『蘭学の家桂川の人々〔最終篇〕』篠崎書林、一九六九年

静岡県史料刊行会編『明治初期静岡県史料』第四巻・第五巻、静岡県立中央図書館、一九七〇～七一年
原口清『明治前期地方政治史研究 上』塙書房、一九七二年
金井圓「沼津藩」『新編物語藩史』第五巻、新人物往来社、一九七五年
山口博「沼津兵学校旧蔵書について―特に静岡県立中央図書館所蔵書にふれて―」『葵』第一三号、一九八〇年
倉沢剛『幕末教育史の研究』一～三、吉川弘文館、一九八三～八六年
四方一弥「静岡藩立学校の数学算術教育とその普及―沼津兵学校・同附属小学校を中心として―」『藩学史研究』第四集、藩学史研究会、一九八五年
「シリーズ 沼津兵学校とその人材」1～59、『沼津市明治史料館通信』第一～六四号、一九八五～二〇〇一年
樋口雄彦「『沼津版』覚え書」『静岡県博物館協会学芸職員研究紀要』第九号、一九八六年
沼津市明治史料館編『沼津兵学校』同館、一九八六年
静岡県編『静岡県史 資料編16近現代一』静岡県、一九八九年
沼津市明治史料館編『沼津兵学校の群像』同館、一九九四年
静岡県編『静岡県史 通史編5近現代一』静岡県、一九九六年
篠田鉱造『増補幕末百話』岩波書店、一九九六年
熊澤恵里子「沼津兵学校における『他藩員外生』―福井藩を事例として―」『沼津市史研究』第六号、沼津市教育委員会、一九九六年

樋口雄彦「史料紹介　沼津兵学校人名簿」『沼津市博物館紀要』21、沼津市歴史民俗資料館・沼津市明治史料館、一九九七年
沼津市史編さん委員会・沼津市教育委員会編『沼津市史　史料編　近代1』沼津市、一九九七年
沼津市明治史料館編『神に仕えたサムライたち—静岡移住旧幕臣とキリスト教—』同館、一九九七年
熊澤恵里子「福井藩にみる『文武学校』の展開過程—明新館時代を中心として—」『地方教育史研究』第一九号、全国地方教育史学会、一九九八年
樋口雄彦「生徒の手紙が語る沼津兵学校のあとさき」、田村貞雄編『徳川慶喜と幕臣たち』静岡新聞社、一九九八年
川崎勝「『西升子日記』—幕末維新期の女性の日記—」『南山経済研究』第14巻第1・2号、一九九九年
宮地正人『幕末維新期の社会的政治史研究』岩波書店、一九九九年
熊澤恵里子「幕末維新期福井藩における国内遊学の実態」、日本史攷究会編『時と文化—日本史攷究の視座』総合出版社歴研、二〇〇〇年
樋口雄彦「旧幕臣・静岡県出身者の同郷・親睦団体」『沼津市博物館紀要』24、沼津市歴史民俗資料館・沼津市明治史料館、二〇〇〇年
樋口雄彦「シリーズ　沼津兵学校とその人材」60〜71、『沼津市明治史料館通信』第六五〜七九号、二〇〇一〜〇四年
樋口雄彦「沼津兵学校と静岡藩小学校掟書」『沼津市博物館紀要』26、沼津市歴史民俗資料館・沼津市明治史料館、二〇〇二年

樋口雄彦「静岡藩の御貸人」『静岡県近代史研究』第二九号、静岡県近代史研究会、二〇〇三年
樋口雄彦「箱館戦争降伏人と静岡藩」『国立歴史民俗博物館研究報告』第一〇九集、国立歴史民俗博物館、二〇〇四年
樋口雄彦「旧幕府陸軍の解体と静岡藩沼津兵学校の成立」『国立歴史民俗博物館研究報告』第一二一集、国立歴史民俗博物館、二〇〇五年

著者紹介

一九六一年、静岡県に生まれる
一九八四年、静岡大学人文学部卒業
沼津市明治史料館学芸員を経て、現在、国立歴史民俗博物館・総合研究大学院大学助教授

主要論文

東駿・北豆の貧民党・借金党（困民党研究会編『民衆運動の〈近代〉』、一九九四年）
旧幕臣洋学系知識人の茶園開拓—赤松則良・林洞海文書から—（『国立歴史民俗博物館研究報告』第一〇八集、二〇〇三年）

歴史文化ライブラリー
201

旧幕臣の明治維新
沼津兵学校とその群像

二〇〇五年(平成十七)十一月一日　第一刷発行

著　者　樋《ひ》口《ぐち》雄《たけ》彦《ひこ》
発行者　林　英　男
発行所　株式会社 吉川弘文館
東京都文京区本郷七丁目二番八号
郵便番号一一三—〇〇三三
電話〇三—三八一三—九一五一〈代表〉
振替口座〇〇一〇〇—五—二四四
http://www.yoshikawa-k.co.jp/

印刷＝株式会社 平文社
製本＝ナショナル製本協同組合
装幀＝山崎　登

歴史文化ライブラリー

1996.10

刊行のことば

現今の日本および国際社会は、さまざまな面で大変動の時代を迎えておりますが、近づきつつある二十一世紀は人類史の到達点として、物質的な繁栄のみならず文化や自然・社会環境を謳歌できる平和な社会でなければなりません。しかしながら高度成長・技術革新にともなう急激な変貌は「自己本位な刹那主義」の風潮を生みだし、先人が築いてきた歴史や文化に学ぶ余裕もなく、いまだ明るい人類の将来が展望できていないようにも見えます。このような状況を踏まえ、よりよい二十一世紀社会を築くために、人類誕生から現在に至る「人類の遺産・教訓」としてのあらゆる分野の歴史と文化を「歴史文化ライブラリー」として刊行することといたしました。

小社は、安政四年（一八五七）の創業以来、一貫して歴史学を中心とした専門出版社として書籍を刊行しつづけてまいりました。その経験を生かし、学問成果にもとづいた本叢書を刊行し社会的要請に応えて行きたいと考えております。

現代は、マスメディアが発達した高度情報化社会といわれますが、私どもはあくまでも活字を主体とした出版こそ、ものの本質を考える基礎と信じ、本叢書をとおして社会に訴えてまいりたいと思います。これから生まれでる一冊一冊が、それぞれの読者を知的冒険の旅へと誘い、希望に満ちた人類の未来を構築する糧となれば幸いです。

吉川弘文館

〈オンデマンド版〉
旧幕臣の明治維新
沼津兵学校とその群像

歴史文化ライブラリー
201

2019年（令和元）9月1日　発行

著　者　樋《ひ》口《ぐち》雄《たけ》彦《ひこ》
発行者　吉川道郎
発行所　株式会社　吉川弘文館
〒113-0033　東京都文京区本郷7丁目2番8号
TEL　03-3813-9151〈代表〉
URL　http://www.yoshikawa-k.co.jp/

印刷・製本　大日本印刷株式会社
装　幀　清水良洋・宮崎萌美

樋口雄彦（1961～）

ISBN978-4-642-75601-3